未来を創る—私たちが選んだ道

輝く女性起業家 16人

ブレインワークス 編著

カナリアコミュニケーションズ

奇跡の植物「ローズ」で女性をきれいに
ローズリンク株式会社　代表取締役　今井通子……06

私のキャリアの道しるべ「マイ・ノート」
株式会社A&Mコンサルティング　代表取締役　下風亜子……18

「共感・共創」
～女性ならではの柔軟な働き方で、輝くライフステージを～
有限会社ミズプラン　代表取締役　根本登茂子……30

自ら選ぶ「破壊的チャレンジャー」
株式会社Be-Jin　代表取締役　石川利江……42

「人とのご縁」で脱した苦境
株式会社Ｖａｌｕｅ＆Ｃｒｅｄｏ　代表取締役　**小澤珠美** …… 54

どんな時も笑顔で
～最低のことがあれば、最高のことが必ず起きる。出来事には意味がある。～
ケイコネクト株式会社　代表取締役　**杉浦美穂** …… 66

家族の危機に瀕して知った、心と心のつながり
株式会社ＡＲＩＮａ　代表取締役　**鈴木亜子** …… 78

「健康な長生き」は、今すぐ始めて手に入れられる！
株式会社アスト　代表取締役　**左右弥佳** …… 90

「地域力＋付加価値」が、首都圏の子育て問題を解決する
プリメックスキッズ株式会社　代表取締役　**小西由美枝**……102

東南アジアとの懸け橋で社会貢献を
株式会社エーフォース　代表取締役／一般社団法人　日本美健輸出協会　代表理事　**齋藤真理子**……112

女子大生が起業！　10年先にひらけた景色
株式会社アゲハ　代表取締役　**木下優子**……122

グランドシッター育成と保育士キャリアコンサルティング
働き続ける人をどこまでも応援したい
株式会社ＢＯＡ　取締役社長　**武市 海里**……132

「情熱」「行動」「出逢い」が、運命を拡げる！
有限会社ジャングルマァム　代表取締役・アートディレクター　三澤満江子……142

仕事は「愛」「出会い」「マインド」
株式会社ブリランテ　代表取締役　CEO　増田久美子……154

オリジナルコスメを作りたい女性に必見！
シェアして100個から出来るマイブランドコスメ
株式会社ability　代表取締役　小出美知代……166

飲食業の王道
～12坪のバーから飲食店とクラブ9店舗を経営するグループへ、その挑戦の軌跡～
株式会社五葉商事　代表取締役　鈴木せつ子……178

奇跡の植物「ローズ」で女性をきれいに

ローズリンク株式会社　代表取締役　**今井通子**

Profile

1967年5月生まれ。1993年、専業主婦から一転、妊娠中にフェイシャリストとして美容業界デビュー。

肌がキレイになったお客様の輝く笑顔に背中を押され、顔だけでなく全身をケアするスペシャリストになると決意。以降、INFAエステティシャン国際ライセンスをはじめ、アロマやオーラソーマ・カラーシステムなど、心ケア、全身トリートメントのための資格を次々と取得。

数ある植物のなかでも、体への幅広いアプローチ力をもつローズに注目。

現在は自らが手がけた100%オーガニック素材使用のローズオイル「Sophy's Rose® Perfect Oil」を使ったトリートメントサロン「ローズ ド ミイ」と、オリジナルメソッド「ローズドレナージュ®」普及を目的としたスクールを運営、継承者の育成に努めている。

＊

会社概要

社　名　ローズリンク株式会社
所在地　横浜市青葉区美しが丘１丁目9－1
ＵＲＬ　http://michikoimai.com/
代表取締役　今井通子
事業内容　コスメ販売／オーガニックローズアイテム企画、製造、販売／ローズ専門エステサロン／エステティックスクール／「ローズ蒸しテント」全国加盟店展開／オーガニックローズ専門ショップ／オーガニックローズ専門カフェ普通の主婦だった私が、会社の代表になるなんて思いもよらないことでした。25年もの長い間この仕事を続けることができたのは、いつも誰かの言葉や支えがあったから。続けていれば結果は出ます。この本を読んでくださるあなたに私はこの言葉を捧げます。「まずは10年やってみて！」大丈夫。あなたにもできます。これから起業を目指す女性にとって私の起業ストーリーがお役に立つならば、こんなに嬉しいことはありません。

きっかけは「成り行き」でした

起業のきっかけ、それは思いもよらないところにありました。私は妊娠7ヶ月まで、派遣社員でデータ入力の仕事をしていました。その後専業主婦になりましたが、やりたいことをやって飽きてしまったことと、社会から孤立したような疎外感から「子供と遊ぶお金くらいは自分で稼げたらいいなあ」と思うようになりました。当時、お肌の状態があまり良くなかったことが気になっていたのもあります。

そんな時です。「薬草化粧品はどう？」と声をかけてもらいました。使ってみると、たった1ヶ月でお肌に変化が。「こんな風に変わる化粧品があるんだ！　植物ってすごい！」と感動しました。この感動を伝えたくて、同じ化粧品を友達に配りました。すると使った子たちがすごく良いと言ってくれるのです。「これ欲しい」と言われるようにもなりました。起業のきっかけはそこでした。成り行き、というのでしょうか。それまで経営も美容も全く経験はありませんでしたが、天職に出会えたと思いました。その薬草化粧品は『ノエビア』でした。

「まずは10年」続けること

あるセミナーに参加した時、「10年間一つの事をやり続けたら必ず形になる」そう教わりました。この話を聞いて、「今の自分には自信はないけれど、10年続ける事ならできそう」と思いました。そして実践しました。10年の努力は実り、２００４年に第一号店である「ハートネットサロン」をオープン。翌年、有限会社を設立し、当時メーカー史上最高金額の「半年で売上1億円」を達成。そして販売会社に昇格しました。

昔の事は過去の栄光ですが、この時の自分は褒めてあげても良いかなと思います。通常、半年で6千万円が基準ですが、私に与えられた課題は1億円でした。「1億やります」そう宣言したものの、1億円というのはそれまでの倍の数字なのです。電卓をたたいてもたたいても到底無理な数字、不可能な数字なのです。もう考えることはやめました。とにかく「倍」ということだけはわかったので、倍動きました。いっしょにがんばってくれるスタッフに「みんなでステップアップしよう」と声をかけ、お客様一人一人と密にかかわっていくようにもしました。それこそみんなの細胞一つ一つに働きかける感じです。特別なことは何もしていませんが、意識を変えたのです。できないと思わない。一人じゃない。みんながいる。みんなでやれば足し算が掛け算になる。この意識で倍動き、お客様を増やしていきました。

サロンでお客様と

その時、「自分のために売るのではなく、その方にとって何が必要なのかを提案すること」にだけは気をつけました。売りつけては次販売は長く続けるもの。そんな恐ろしいことにならないよう、お客様には慎重に接しました。誠実に対応するとお客様はわかってくださるのですね。「その方に何が必要か？」という意識と10年の歴史とで、信頼を得ることができました。「心と心のつながりを大切に」をモットーに、今もスタッフ全員同じ気持ちで働いています。

「ヨーダ」は私の師匠

大きなチャレンジを乗り越え、ある程度の地位までいき、月収が50万円を超えた時、私は一旦休もうと思いました。疲れてしまったのです。あの当時、『スター・ウォーズ エピソード1／ファントム・メナス』が流行っていました。SFは苦手でしたのでそれ以前のスター・ウォーズ作品は観ていなかったのですが、一呼吸入れようと観てみたのです。そこからはまりました。多くの人がスター・ウォーズシリーズにはまる気持ちがわかりました。エイリアンであるヨーダのセリフ、「『試す』はないんだよ。やるかやらないかなんだよ」「大きさじゃないよ、心一つできまるんだよ」これらは今も忘れられません。

できると思わなければできない。できると思うからできるんだ。私はやる。やるんだ。そう決めた時、スタッフにこう告げました。「あなたたちも自分の目標にチャレンジするなら、今の私ならひっぱれるよ」と。ヨーダのセリフを胸にみんなで行動し、結果決めた通りになりました。だからヨーダは私の師匠なのです。それから7年後、販売会社昇格の表彰式が行われるロサンゼルスへ行った時、等身大のヨーダを見つけ、思わず買ってしまいました。それは今もサロンの守り神として大切に置いてあります。

「無い袖を振る」それがチャレンジ

仕事をしながら子育てもしていると、家のことや子供のこと、地域のことなどやることがたくさん出てきます。30代の時、あれもこれもとやることが分散してしまい、全てが中途半端になってしまうのではないかと悩んだ時期がありました。どれかに絞ってがんばった方が良いの？と悩み、完全に行き詰まっていました。

そんな時、社会でも活躍されて憧れていた女性に相談しました。すると彼女はこう言いました。「30代は死ぬ気でがんばりなさい。あれこれ考えないで、一生懸命がんばりなさい。そうすれば夢のような40代が待っているよ」目の前の霧が晴れるようでした。ああ、そうか。完璧じゃなくてもいいんだ。１００%自分が出せる力を出せばいいんだ。全て全力でやろう！　そう納得できたのです。もちろん、やることは増えます。だけど心が軽くなったおかげで、何もかもがすごく楽しくなってきたのです。何か差し出されたらすぐやってみる。何事にも果敢にチャレンジする。この経験は50代の今でも活きています。

私はよくスタッフにこう伝えています。「やれそうな挑戦はただの行動だよ」「無い袖は振れないというけれど、無い袖を振るのがチャレンジなんだよ」到底できそうもないことに挑む時、初めてそれをチャレンジと言えるのです。今の自分には到底できないから、潜在能力を出すしか叶う方法はないのです。がけっぷちに追われると人は力を出せるもの。何かにチャレンジする度、そのことを痛感します。その時、自分の成長をも感じるのです。これを超えたらどうなるだろう？それが楽しみになっていくのです。これは癖になりますよ。やっていることは大変なことですが、悲壮感なくやれるのです。そうです、チャレンジというものは苦しいけれど、楽しいことでもあるのです。

「ローズ」が女性を輝かせる

10年は一つのことをやると決め、実践してきました。そこからはもっと自分らしいことをしたいと考えるようになり、顔だけでなくボディケアにも注目し、エステサロンを立ち上げました。女性はきれいになっても仕事でストレスを抱えると、急にブツブツができたりすることがあります。このことから、「お顔や体のケアだけでなく、心のケアも大事だ」ということに気づいたのです。それからはカラーセラピーなど、外に出て勉強することを始めました。もともと植物に関してはよく勉強していましたが、改めて植物のすごさに注目しました。フランス式のメディカルアロマも学びました。アロマの力は果てしなく、偏頭痛持ちの私が薬を必要としなくなったのです。生理痛もアロマで治しました。瞬時に効きます。アロマは心地良いと知ってはいましたが、そんなレベルを遥かに超えていました。本当にすごいと思いました。

そこから私は、生涯つきあうことになる「ローズ」に行き着きます。何でもローズで解決することができるのです。生理痛が起こらなくなったり、胃痛がするっと緩和したり、傷を癒やしたり内蔵を癒やしたり。そうして痛みから解放された女性たちは、体が中から変わり、顔が変わり、肌が変わり、メイクも変わっていきます。それを彼女たちはとても喜んでくれます。目が変わるのです。その瞬間を見ることが私の生きがいです。ああ、これが私の天職だと心から感じます。起業してよかったと思うのはいつもこの瞬間です。

ソフィーズローズオイル　in Paris

ローズ一つで体も心もケアできる。長年の学びと経緯の中でやっと出会えた奇跡の植物、ローズ。その後、ローズを精油全体の50％以上の濃度で配合した『ソフィーズローズ®パーフェクトオイル』を開発しました。独自の技術で作ったローズ専門の『ローズドレナージュ®』も開発。サロンの他、スクールとショップも展開しています。2017年1月には『ローズ蒸しテント』をスタート。各メディアに取り上げられ話題になりました。地方からサロン経営者の方が来られることもあります。

たくさんの女性がきれいになり、ご自身のお顔を眺めて微笑む姿。それを見るのが私には何とも楽しく、何より嬉しい瞬間です。テンションが上がるポイントはお金儲けではなく、自分が楽しく仕事ができること。症状が緩和した、薬を飲まなくてよくなった、生理痛がなくなったなど、お客様は私の顔を見ればそう言ってくださいます。それが何よりの幸せです。また頑張ろうというエネルギーになります。

ようやくできた、全国展開への流れ

今の目標は、全都道府県にローズを扱うサロンを作ることです。２０１７年9月に東京ビックサイトで開催されるイベント「ダイエット&ビューティー」に出店し、『ローズ蒸しテント』の加盟店募集を大々的にスタートさせます。その後ローズ専門のショップとローズカフェもオープン予定。２０１７年、ようやくこの流れができました。

発売当時、「認知度を上げるなら戦略が必要だよ」そう言ってくる人が現れました。しかけが必要、とも言われました。戦略は苦手だけど、やらなければならないのかなと思いました。だけど結局続かない、ということに気づいたのです。私の商品は自信のある商品。使ってもらえれば良さがわかる商品です。そこは変に作戦立ててやるのではなく、誠実に本物にこだわっていこう、そう決めました。流行り物はいつか廃れる。ならば流行らせる必要などありません。20年支えてくれたお客様が良いと言ってくださるのだから自信と誇りを持とう。改めてそう心に誓った時から出会う人が変わりました。なんちゃってな人は去っていきました。面白いですよね。この時感じたのは「思い一つだな」ということです。波動、ってありますよね。そういうものに一致する人が集まるのかもしれません。

これから起業を志すあなたへ

これから起業を志す女性にお伝えしたいことはただ一つ、「続けること」です。私は右も左も分からない状態で起業しました。この先、この仕事でうまくいくかどうかなんて保証は何もありませんでした。だけど10年一つのことをやり続けることだと人から聞きました。その言葉を信じて10年やり続け、今では25年もの間、この仕事を続けることができています。

目先を見るのではなく、長いスパンでやり続けること。やれる自信のあることならぜひやっていくことをオススメします。10年経っても飽きないもの、やり続けられるもの。ということは「好きなこと」になるでしょうか。誠実に、自分に嘘をつかずにコツコツやり続けること。成功の秘訣はそれに尽きると思います。

そんな私が、一般の主婦から会社の代表に切り替わったと感じたのは、「依存と責任の関係」を知った時です。誰しも依存心はありますよね。できない理由を考えて、自分以外のところに理由を見つけたりします。だけどそうしている限り、何をやってもうまくいかず、幸せにもなれません。「全ての責任は自分にある」そう本気で思えた時、全てがうまくいき始めます。悪いことが起こっても、嫌な人に会ったとしても、それは自分に必要だからです。そうやって責任を自分に落とし込めた人だけが成功できるのではないか。私はそう考えます。

無農薬ダマスクローズ

関わる人の中には、「そこそこまでいくけど辞めていく」という人がゴマンといます。結果が出ないと、「私には合わない」「パートの方が収入が高い」「旦那が……」などと言い、諦めてしまうのです。もったいないなと思います。大変なことが起こっても、それは全て自分事です。成功している人は愚痴を言いません。人のせいにしません。自分自身を成長させていきます。責任を負える人だけが残るのです。私はそういう人たちに、ローズを通してサロン運営のサポートをしていきたいとも考えています。

もっともっと、女性はきれいになれます。本物のローズは、生理やお通じ、妊活など女性特有の悩みへの対応力が高く、体を内側からキレイにしてくれます。この奇跡の植物「ローズ」を使って、多く

無農薬薔薇農園にて

の女性をきれいにして差し上げたい。女性の美は世界に平和をもたらします。選び抜かれた本物のローズで、あなたもきれいになりましょう。まずはぜひ一度、ローズを体感してみてください。あなたのお越しをいつでも私はお待ちしております。

私のキャリアの道しるべ「マイ・ノート」

株式会社A&Mコンサルティング　代表取締役

下風亜子

Profile

北海道大学法学部卒後、日本企業と外資系企業で計18年間勤務。世界28か国で事業を展開しているグローバル企業では、カントリーHRマネージャー（人事部長）兼　ボードメンバー（役員）の一員として、人事的側面から経営に携わる。その後、次世代のために活力ある未来を創ることに貢献したいと強く感じるようになり、個と企業の成長をサポートするヒューマンコンサルティングの「株式会社A&Mコンサルティング」を設立。

＊
＊
＊
＊

会社概要

社　名　株式会社A&Mコンサルティング
所在地　東京都中央区銀座2－13－11
URL　http://www.am-consulting.jp
代表取締役　下風亜子
事業内容　人事コンサルティング・人事&総務アウトソーシング・セミナー&研修事業　等
お問い合わせ：上記URLの「資料請求・お問合せ」ページよりご連絡ください。

A&M CONSULTING

私のキャリアの転機に必ず登場する「マイ・ノート」。

幼い頃から、ああしたいな、こんなふうになりたいなと思ったことを、ごく自然に気持ちのおもむくままにノートに綴る習慣がありました。ふと過去のノートを開いてみると、そこに書かれている夢や目標の多くが叶っていることに気付き、驚かされます。

将来的に人事のプロとして起業することを意識し始めたのは、30代半ばの2度目の転職の頃。この時もやはり傍らには「マイ・ノート」がありました。

夢を叶える原点は幼少期の「空想ごっこ」

北海道の海と山に囲まれた片田舎で二人姉妹の長女として生まれ、高校を卒業するまでの18年間、この町で伸び伸びと育ちました。両親には沢山の愛情を注いでもらったと感謝しています。幼少期、流行のおもちゃはクリスマスや誕生日以外には買ってもらえませんでしたが、本だけは特別。家族のお散歩コースの途中に小さな書店があり、読みたい本があれば快く買ってくれました。母には毎晩お気に入りの本を読んでもらった記憶があります。また、新聞の折り込み広告をみて欲しいおもちゃをワクワクしながらノートに書き写し、そのおもちゃで遊んでいる姿を思い浮かべたりしながら、サンタさんが来る日を心待ちにしていました。

このような環境のおかげか、幼い頃は「空想好き」な子供で、妹を相手に様々なシチュエーションを設定した「ごっこ遊び」に没頭したものでした。この後の章で私のキャリアの道しるべとして何度か登場する「マイ・ノート」は、この「空想ごっこ」から派生したものでは、と感じています。

全身で学んだ20代

新卒で入社した日本企業では、大学時代のアルバイト経験から最も苦手意識を持っていた「営業職」からのスタート。「私に営業は向いていない」という後ろ向きな感情を抱えたまま仕事をしていたのですから、当然上手くいくはずもありません。入社して数か月たった頃には転職を考えるようになっていました。

そんな中、入社5か月目のお盆休みに北海道の実家に帰省した時のこと。幼いころからずっと同居していた祖母にポロリと泣き言をもらすと、「せっかく目の前にやって来てくれた課題に立ち向かわずに逃げたら、その課題は姿形を変えて解決するまでずっと追いかけてくるよ。石の上にも三年。簡単に逃げたりあきらめたりしてはいけないよ」と叱咤激励されました。これを機に、仕事に対するマインドセットが前向きに変わり、良い結果も伴うようになりました。

頑張る社員にはどんどんと大きな仕事を任せてくれる会社でしたので、海外勤務、広告宣伝、社員教育と、実に多様な経験を積むことができました。社員一人ひとりの達成すべき目標と責任が明確でしたので厳しくはありましたが、仕事の基礎筋力をつけるにはもってこいの、とても恵まれた環境だったと思います。

そして、〝全身で学んだ〟20代は瞬く間に過ぎ、ふと気がつくと29歳。ここで初めて立ち止まり、30代以降の自分のキャリアのあり方を考え始めたのです。その頃の「マイ・ノート」には30代の目標について次のように記しています。

読書は心の栄養。ビジネス書に限らず、普段から気の向くままに好きな本を手に取って読んでいる。気に入った欧米の本は、原書で読むことも。

・自分の好きなことと得意なことが重なる分野を深めていく
・その分野のキーワードは「人」「教えること」「伝えること」
・20代に全身で学んだことを、知識としても体系的に学び直し、両方をつなげる
・英語力をビジネスで通用するレベルまでブラッシュアップする

自分の志向と目標を明確にしたことにより、選択すべき道も明らかになり、30歳を目前に米系外資系会社のトレーニングマネージャーのポジションへ転職しました。

インプット主体の30代前半

前職の全国を駆けまわる生活から一転、転職した会社では国内出張がほとんどなく、時間に余裕が生まれました。目標のひとつであった「経験してきたことを体系的に学ぶ」を実現しやすい環境だったのです。仕事帰りや休日には、様々なビジネスセミナーや講座に参加したり、ビジネス書をむさぼるように読んだりしていたのもこの時期です。知識欲が特に旺盛だったこの頃は、邦書はもちろん、まだ翻訳されていない海外のビジネス本も手に取って読んでいました。日本語・英語問わず、興味のある本は1冊でも多く読みたくて、英語で行われる速読セミナーを探し当て、受講したことも。どうやら猪突猛進の傾向があるようです（笑）。

この会社で過ごした5年間は「インプット」主体の時期だったと思います。ただ、「インプット」された知識は「アウトプット」してこそ活きるもの。次第に、「人事の一部である社員教育だけではなく、人事全般についてアウトプットできる舞台で自分の力を試したい。」そう思い始めました。そして30代半ば、ヘッドハンターの方が「面白い会社が日本市場に参入しますよ」と引き合わせてくださったのがご縁で、世界28か国で事業を展開するグローバル企業への入社が決まったのです。

実務から統括まで、あらゆる経験を積んだ30代後半

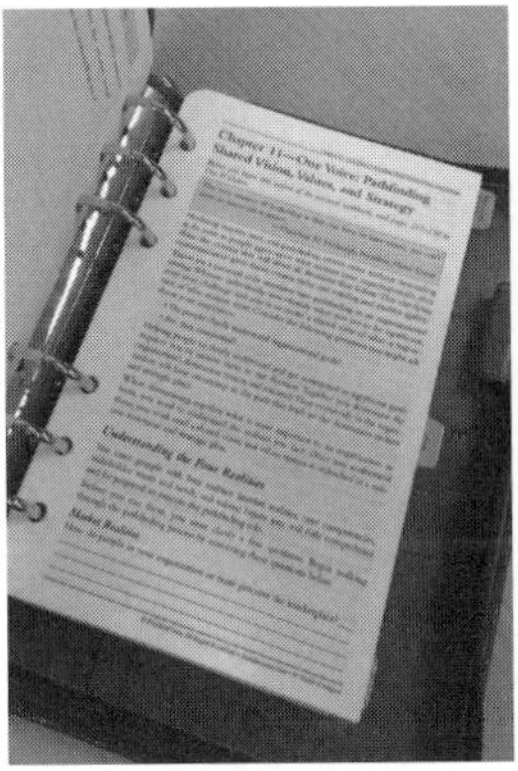

10年以上愛用している赤い手帳は、アメリカ出張のときに出逢った、フランクリン・コヴィー社のシステム手帳。過去に書いたマイゴールもこの中に大切に保存されている。

将来的に人事のプロとして起業することを意識し始めたのは、この2度目の転職の頃でした。当時の「マイ・ノート」に書いた5ヵ年計画です。

「将来、人事のプロとして独り立ちができるくらい凝縮した企業人事経験を積む。そのためには、周りから信頼され様々な仕事を任せてもらえる〝信頼貯金〟を、日々の仕事に真摯に取り組むことにより積み立てること。英語力がキャリアの可能性を狭めることがないように、もっともっとブラッシュアップすること」

ただ、この段階では自分が目指す「人事のプロ」のイメージはまだ漠然としていました。

こちらの会社に在籍していたのは、組織ライフサイクルモデルでいうと「創業期〜成長期」にあたる約8年間。日本市場でゼロの状態から、数年後に数千人の従業員を抱える企業へと成長する時期でした。自分が望んだとおり、ありとあらゆる人事の仕事を凝縮して経験できたことに感謝しています。立ち上げ期ならではの相当な種類とボリュームの人事業務をこなしてきたことは、人事実務能力のアップに大いに役立ちました。その後、同社の人事統括の立場に抜擢していただき、求められる役割も変わりました。

具体的には、組織全体の状態を正しく把握・分析し、組織的課題と進むべき方向性を明らかにしたうえで、カントリーレベルの人事戦略を策定。そして現場が戦略を具体的なアクションプランに落としこむための助言と、実施した戦略の効果測定とレビュー。

いわゆる人事のPDCAサイクル【PLAN（実行）⇓DO（実行）⇓CHECK（評価）⇓ACT（改善）】がミッションでした。

苦労をはるかに上回る知見を得て

さらに人事統括に昇格したタイミングで、日本におけるビジネスの意思決定を司るジャパン・ボードメンバーの一員という責任重大な役割も与えていただきました。これが私にとって非常に大きなチャレンジでした。ボードミーティングでは「人事」だけではなく、同社のビジネスに関わるあらゆる分野について話し合い、意思決定を行います。セールス、カスタマーサービス、ファイナンス、ロジスティック、リーガル、IT…自分の専門領域外について議論するこの会議では、自分の未熟さを痛感することも多々ありました。当時のボードメンバーの出身国は6か国籍に渡り、ディスカッションはもちろん英語。帰国子女でもなく留学経験もない私にとっては、英語で自分の意見を明確に伝えること自体ハードルが高かったのに加え、そこでなされる意思決定の領域が広く、さらにはそれぞれのボードメンバーの発言の背景（常識、価値観）が異なるため、意思決定以前の相互理解にも時間を要しました。ですが、それらの苦労をはるかに上回るほど大きな知見を得られたことは間違いありません。

このような大きな役割と責任を与えてくださったおかげで、ようやく目指したい「人事のプロ」のイメージがクリアになったのは、入社から8年が経った頃でした。

「私が目指すのは、特定の領域に特化した人事のスペシャリストではなく、お客様のビジネスを理解し、ビジネスパートナーとしての役割を果たすことができる人事のプロである」

目標は「人事のかかりつけ医」

40歳を過ぎてからの起業。一般的には遅い方かもしれませんが、約18年間3社の企業で経験を積んだ上での起業は、私にとってベストなタイミングだったように思います。

以前出逢った「人事のミッションは、Attract, Motivate and Inspire People」という印象深い言葉から頭文字の一部を取り、社名を「株式会社A&Mコンサルティング」に決めました。そして、A&Mは〝どのようなお客様〟に、〝どのような価値〟を与え続けることができる企業でありたいのか、時間をかけてじっくりと考え抜きました。

イメージした弊社のお客様は、すでに社内に人事部の採用・人材開発・労務などの課が存在し、明確に役割分担されているような大企業でもなければ、大枠の指針がグローバルで定められているような外資系企業でもありませんでした。目標としたのは、会社の社長や役員の方々が人事部トップの役割を兼任しているような中小規模の企業様の「人事のかかりつけ医」的な存在でした。

人事関連ビジネスの種類は、「採用支援」「人材派遣・紹介」「人材開発」「研修」「労務相談」「給与代行」「人事制度設計」「人事ツールの開発・設計」など多岐にわたります。同時に各分野のスペシャリストは多く存在します。しかし中小規模の企業様を対象に、これらの人事サービスを包括的に提供できる会社は少ないと感じていました。もちろん外資の人事系コンサルティング会社はありますが、大手日本企業や外資系企業を対象にサービスを展開しているところがほとんどです。そのため中小規模の企業様の場合、人事関連で問題や課題が発生したときには、いわば「縦割り的」に展開されている人事サービスの中から「スポット的」に選んで利用することがほとんどだと思います。ですが、「人事的な課題や事象は、単一の理由からではなく、複数の要素が絡み合っているケースが多い」と私は考えています。

大切なのは、課題の原因をしっかりと分析した上で、人事戦略とアクションプランをたてること。その上でどの人事サービスをどのようにスポット的に利用すれば、そのベネフィットを最大化できるまで一緒になって考えていきたいと思いました。

また、ターゲットとしているのは、経営全般について責任を負っている中小企業の会社社長や役員の方々。彼らは人事に関して誰よりも高い嗅覚や問題意識を持っている一方、非常に多忙なため、具体的なアクションプランに落とし込むだけの時間をなかなか取れないでいます。そこで、彼らが普段頭の中で描いている考えやビジョンなどを可視化し、人事戦略を練り、アクションプランに落とし込み、さらにそれらの実現にむけて実務面でもサポートさせていただくことには、それなりのニーズがあるはずだと思ったのです。

サービス・クオリティを最優先

このような考えのもと、株式会社A&Mコンサルティングの紹介文ができました。

「A&Mの人事サービスは、パッケージ化したサービスを提供する人事代行業でもなければ、人事戦略のご相談にのるだけのコンサルティング業とも異なります。お客様のビジョンや事業計画を実現するために、どのような組織開発や人事戦略が必要かを共に考え、共に実施し、その結果『ビジネスの成長に向け共に歩んでいくパートナー的な存在である』とお客様に思っていただけるような、ハンズオン型のサービスを提供いたします。当社の特長は、お客様が抱えている人的課題を多面的にサポートできること。だからこそ、お客様の課題にあわせたカスタマイズ・サービスの提供が可能なのです」

創業期はまず、私自身がA&Mの企業ブランドとなり、それを体現する人事サービスを確立していくために、それぞれのお客さまを大切にし、サービスのクオリティを高く維持することを第一優先としました。「欲張らずに着実に進めていけば、きっと成功しますよ」起業前に勤めていた会社で顧問をされていた人生の大先輩からも、そうご助言をいただき、一度に受けるご依頼件数の上限を定めました。

こうして、祖母の言葉でもある「石の上にも三年」はあっという間に過ぎ、今年で当社は5年目を迎えました。

我が子に伝えたい仕事への思い

ある日、保育園へお迎えにいったとき、息子に聞かれました。

「どうして大人はお仕事するの？」

「ママのお仕事はどんなお仕事？」

「どうしてお仕事したらお金がもらえるの？」

なかなか深い質問だわ、と思いながら、帰り道を息子と手を繋いで歩きながら、私なりの言葉で一つずつ丁寧に答えてみました。すると息子はスッキリした顔で「そうか、じゃあ僕は大人になったら恐竜博物館の館長さんになって、お客さんにいっぱい恐竜のこと教えてあげてお客さんに喜んでもらうお仕事をする。そしてママが好きな「リカちゃん人形」をプレゼントするね」と。

(どうやら私の母が、息子に「ママは子供の頃、サンタさんにリカちゃん人形をお願いしたのよ」と話したことがあったそうです)

涙が出るほど嬉しい言葉でした。私は、息子にも将来「自分自身が最も活かされる道」を見つけてほしいと願っています。自分自身が最も活かされる道とは、自分が最も人のお役に立てる仕事のことで、それは自分の〝得意なこと〟と〝好きなこと(興味のあること)〟が重なりあって

いる領域にあるのではないかと、私は考えています。おかげさまで私自身は今この領域に立っていることを実感でき、充足感のある日々を過ごしています。信頼してくださっているお客様をはじめ、これまで出会った多くの方々、様々な出来事にも心から感謝しています。

次のステージへ向けて

冒頭から登場している「マイ・ノート」。起業後はノートを更新していないことに気付きました。起業の夢が叶ったから「マイ・ノート」が必要なくなったわけではありません。「今」に感謝し「今」にフォーカスする時期だと感じています。自分で頑なにそう決めているからではなく、自然とそのような心境なのです。

一つひとつの仕事を丁寧に積み重ねていけば、次のステージに向けての「ひらめき」や「実現したいこと」は自然と湧きあがります。機が熟した時、「マイ・ノート」に勢いよくペンを走らせる……今は、そんな自分の姿を思い浮かべています。

「共感・共創」〜女性ならではの柔軟な働き方で、輝くライフステージを〜

有限会社ミズプラン　代表取締役

根本登茂子

Profile

有限会社ミズプラン代表取締役
群馬県生まれ。東洋大学社会学部卒業
出版社や制作会社にて編集デザイン、大手広告代理店では販促媒体の企画編集からコピーライティング等に携わる。
その後、アメリカへ語学留学し、1993年4月有限会社ミズプラン設立する。
日本カラーデザイン研究所やカラリストスクールで取得した色彩マーケティングを導入し、ホテルやフラワー、住宅、玩具業界を中心に300社以上の広告販促を手がける。
また、女性向け情報誌を18年間発行した経験を活かし、起業女性のビジネスを支援中。

*
*
*

会社概要

社　名　有限会社ミズプラン
所在地　東京都中央区銀座7-13-6 2F
　　　　水戸市千波町1482-1-704
URL　http://www.msplan.biz
代表取締役　根本登茂子
事業内容　色彩マーケティングで広告販促ツールのコンサルティングから制作事業／出版物の企画・取材・撮影・編集・デザイン・制作事業／プロモーション動画の撮影・制作＆配信事業／起業女性支援セミナー・色彩力を活用した人材研修・色彩メンタルヘルス事業

私自身の妊娠、出産、そしてリーマンショックや東日本大震災という世の中の様々な出来事。数々の貴重な体験、困難もありましたが、そこで立ち止まるのではなく、これらの環境の中で「今、自分は何が出来るのか」を常に考え、前へと進んできました。

私だから伝えられること。それは「好き」を仕事に起業したい女性や、ビジネスを成幸へと導きたい女性起業家の皆様が、さらに輝くためのヒントや応援メッセージです。

キャリアを活かして起業、恵まれた法人スタート

企画広告会社として起業した最大の理由は、大学卒業後に出版社や企画制作会社、大手広告代理店で培ったキャリアが活かせると思ったからです。時代も良かったのでしょうか。独立する際、広告代理店時代に担当していた企業様を引き継がせていただいたり、オフィス近くにあった住宅メーカーと年間契約ができたりと、恵まれた状況でスタートを切ることができました。また、会社にしたのはクライアントの多くが法人だったこと、さらにスタッフの待遇面、外注先等の要因が大きかったように思います。

１９９３年の設立以来、事業内容は時代とともに変化してきました。「共存共栄で企業実現」というコンセプトは不変ですが、アナログからデジタル社会への移行、ＳＮＳの普及により販促ツールの制作もコンサルティングからさせていただくようになりました。弊社の強みである色彩マーケティングを活用し、各企業や個人事業主様にとって「より効果の高い宣伝方法は何か」を

提案、お客様のニーズにあわせて紙媒体、ホームページ、動画、フェイスブック広告などを組み合わせながら、販路拡大へとつながるようにトータルプロデュースをしています。さらに女性起業家の皆様には、パーソナルカラーを使ってブランディング。オーナーやサロンのイメージにあわせ、販促ツールの色使いやデザインを心がけています。

フリーペーパー創刊で新分野を開拓

弊社にとって最初の転機が訪れたのは１９９５年の春、素敵美人を応援する『ブライド』というフリーペーパーを創刊したことでした。市内半径30キロ圏内の地域をターゲットに、東日本大震災の起こる２０１１年まで15年にわたって女性向けの情報誌を発行。

式場やホテルといった新たな業界へ関わらせていただくことにより、広告掲載の仕事以外でも、ブライダル関連の販促物を依頼されるようになりました。携わっていたホテルから「イベントで花嫁さんのカラー診断をしてもらえませんか」とお声がけいただき、カラリストとしての新たな扉が開いた時期でもあります。

色の世界に魅了されて約20年、休日を利用して都内のカラースクールや、（一社）日本カラリスト協会へと通い、パーソナルカラーや配色理論、色彩心理などを学び、講師や検定指導員の資格も取得してきました。

今では、起業をめざす女性のための「輝業美人塾」や「自分磨きレッスン」、公共機関では、

男女共同参画講座で〜「好き」を仕事に、輝く生き方〜をテーマに
２回シリーズで講義とワークを実践

色彩を活かした各種講演などの講演もさせていただいています。特技や資格を活かした女性ならではの仕事スタイルかもしれませんね。

そして、フリーペーパー『ブライド』から得た最高の宝物は、自分らしく素敵に輝く起業女性や、葛藤しながらも楽しく育児や家事をこなすキャリアママ達との出会いでした。取材時はもちろん、読者向けのイベントを協同開催したり、ランチ会、お茶会などを通じて、かけがえのない「つながり」や「信頼」も産まれました。

女性は男性に比べて脳幹が太く、いくつものことが同時にこなせるといわれています。確かに自分も含めて、環境や困難な状況にもフレキシブルに対応できる習性、例えば、本業の店舗が厳しいなら教室を開いたり、ネット販売するなど、目の前にある困難を自分を止める壁としてとらえるのではなく、これらの課題を良い方向へと地道に転化させていく粘り強さが女性にはあるように思います。

東日本大震災後からSNSを活用した新事業づくり

リーマンショックに続き、1000年に一度といわれるあの未曽有の東日本大震災後、都内や茨城県を中心に事業展開していた弊社にとって、まさに至難の時代に入りました。10年以上お付き合いのあった担当者が親戚の訃報で故郷へ戻られたり、廃業を余儀なくされたお客様も多々いらっしゃいました。

一方、大震災を機に急速な勢いでSNSが普及し、弊社は事業を見直す時期を迎えます。「広く告知するといった仕事に携わる自分たちの出来るコトは何か」を改めていろいろと考えさせられました。この頃から動画が注目をされるようになり、半年間悩んだ結果、フリーペーパー『ブライド』を廃刊することにしました。

試行錯誤しながら同年の秋、こんなときだからこそ、美しいモノやコト、癒される情報が必要なのではと一念発起し、美と癒しで素敵ぐらしをテーマに『美癒人』を新創刊。情報誌と動画、ホームページをコラボさせた新媒体を誕生させました。

しかし、クライアントのニーズ、世の中の状況が変化しつづける中で、美癒人の情報誌は休刊し、現在は、動画サイト『美癒人』から情報発信中です。

私個人ではブログやフェイスブックをスタート。『輝業アカデミー・女性起業家支援&キャリアアップ』をタイトルにしたブログでは、広告と色の話や幸せ開運風水、最新トレンド情報など日常から感じたビジネスに役立つヒントを紹介しています。

先ほども触れましたが、困難にあったとき、そこで終わるのではなく、そこから自分には何が出来るのか、という転換を試みてきました。SNSが普及する前は企画から制作、納品するといった仕事の進め方が主流でしたが、ここ数年は、お客様のウォンツを伺うコンサルティング、出来上がった販促ツールの効果まで求められるようになり、アフターフォローをしなければならない案件も増えてきています。

これからも大海原で荒波に揺られることが多々あるかと思いますが、マイペースで、自分らしく航海していきたいものですね。

女性のビジネスの原点は「好き」なコト

自分の力量や采配で出来る、というところは起業の魅力です。「自分がこういうものを作りたい」と思えば、それを自分の判断でできるというのは大きいですね。女性は、基本的に「好き」から入るのではないでしょうか。その好きなコトを多くの人に伝えたい、自己実現したい、それが自然に仕事へと発展していけば嬉しい、このような働き方で成幸された起業女性はたくさんいらっしゃいます。

一般的に男性の場合は、経営的に成り立つかという視点から起業を考えるケースが多いのではないでしょうか。原価や仕入れ、販売、売上、採算、資金繰りなど綿密な事業計画を立ててからのスタートです。「直感でやってみよう！」と行動できるのは、女性ならではの特性、強みかもしれません。

例えば、ヨーロッパを旅行した時、ホテルのエントランスに飾ってあった花に癒され、その素晴らしさを知った女性は、「お花の良さを皆様へお伝えたい」という情熱から自宅で教室を始めました。数年、続けているうちに店舗サロンをオープンし、幕張メッセで開催される花のイベントへも出展しました。その際、弊社では「ロゴマークや販促物を制作させていただきましたが、彼女のチャレンジは見事に大成功、この日を起点に仕事の受注は全国へと広がっていきました。それ以来、公私ともにおつきあいしていますが、15年経った今では、プリザーブドフラワー界のオーソリティとなり、花の専門家・アーティストとして活躍中です。

また、映画『桜田門外ノ変』のロケセットが建てられた際、その館内に女性の視点から当時の歴史的背景を優美な花々で表現、展示されたことがありました。稀にない機会ですし、素晴らしい世界観でしたので、彼女に「皆様の作品を1冊の本に永久保存しませんか」と提案してみました。快く賛同してくださった矢先に、あの東日本大震災。

一時期は撮影を中断しましたが、一年の歳月をかけて作品の写真と想いを寄せた詩で綴った1冊の本に仕上げることが出来ました。「共感・共創」の賜物と感慨深いものがありました。好きを仕事に成幸している大好きな女性起業家のお一人です。

茨城県女性プラザにて、ライフプランニング支援事業の
「セカンドライフ輝き講座」のセミナー講師として

働く女性の魅力を高めて、ビジネス戦略にも活かせるカラー診断会を銀座オフィスで開催

カラースクール原宿教室で開催したビジネスお茶会で色彩コラージュを使った「自分表現」ワーク

ワークライフバランス、自分らしい働き方が大切

日本では女性社長はわずか7％台、先進国の中では、かなり少ない数字になっているそうです。それだけ女性が働き続けて経済的に自立し、しかも起業して会社経営するとなるとハードルが高いのが伝わってきます。社会に出て就職したものの、女性ということで様々な問題に直面した経験をお持ちの方も多いのではないでしょうか。

結婚や出産、子育て、介護など生涯を通じて男性と比較すると、まだまだ女性はライフイベントに悩まされているのが現状です。自分の意志とは関係ないところで選択せざるをないこともあるかと思います。

私の場合は会社設立20周年、一人息子が20歳になるときに『7つの輝業力レッスン』（カナリア書房）という本をまとめる中で、これまでの人生を振り返り、「なぜ、長い間ずっと仕事を継続できたのか」というヒントを発見することができました。

それは「育む力」「学びの力」「磨きの力」「創造の力」「叶える力」「つながる力」「癒しの力」の7つの輝業力でした。これらの力は仕事や育児、家事、どんな場面でも活かせる強い味方になってくれました。

疲れた時、心が折れそうになった時こそ、自分の気持ちに正直に息抜きしたほうがエネルギーも湧いてきます。働き方は、そのときの環境や年代で変わってくるかと思いますが、生涯現役を

目指していきたいですね。

これから起業を志す女性へ

最近では女性やシニア、若者の起業を、国や都道府県、公共機関等で支援する制度も整ってきたので、これを利用して起業する女性が増えてきました。

女性の起業は自分が「好き」という自己表現から入る方が多いかと前記しましたが、好きを仕事にするには、「営業力」が大切になってきます。そのポイントは、「相手にとって役立つモノやプラスになるコト」を心がけた提案型の営業スタイルです。

例えば、花屋さんが美容院へアプローチしたいとき、「夏は涼しげなお花を飾れば、来店されたお客様に心地よい空間が演出できるのでは～。季節ごとのアレンジでサロンの雰囲気づくりを楽しんでみませんか」と提案するのも良いかもしれません。商品を売り込むのではなく、相手のメリットを優先したほうが販路拡大へつながっていきます。

また、私がフリーペーパー発行から学んだのは、顧客を大事にすることが営業の秘訣だということです。お客様の7～8割が固定客になるとビジネスは成り立つといわれますので、既存のお客様を大切にしながら、新規のお客様を取り込んでいくことが事業を継続させ、広げていく近道なのではないでしょうか。

SNSを活用して商品や教室、セミナー情報などを告知していくのも一つの方法です。毎日、教室で作った作品を写真に撮ってインスタグラムにアップし、申し込みが増えた方もいらっしゃいます。口コミや紹介を大事にしていくのもいいですよね。友人やお仲間、お客様と共に自分らしい働き方で成幸していただきたいと願っています。

健康高齢社会に向けた新分野へのチャレンジ

ご周知の通り、日本は超高齢社会、ストレス社会へと進む中で様々な課題が生じています。総人口の4人に1人が65歳以上、また、従業員50名以上の企業はストレスチェックが義務付けられました。こうした流れの中で、健康や福祉、医療関連から講師依頼や販促ツールの仕事が徐々に増えてきています。

NPO法人『元気な120才を創る会』の10周年記念フェスタが六本木ヒルズで開催された折、弊社では色彩心理を活用し、「安らぎ・楽しさ・活力」をコンセプトに案内チラシや入場券、スクリーン画像、ブースパネル、会場装飾等をトータルプロデュースしたことがありました。『社会の老化は、女性の輝きでSTOP!』というキャッチフレーズでしたが、まさに時代を反映するホスピタリティを感じた一日でしたね。

また、私が学んだカラースクールの通信教育教材～色彩パズル『わたしの家族』～を動画で制作するといった仕事もありました。これは、色の交流を通じて脳を活性化し、認知症予防やストレス緩和するために開発されたオリジナル教材です。

弊社で企画制作した出版物や広告販促ツール例

六本木ヒルズで開催された「NPO法人元気な１２０才を創る会」の１０周年記念フェスタの販促物制作＆会場装飾等をコーディネート

起業女性のビジネス支援はもちろんのこと、これからは健康高齢社会へ向けて、色彩メンタルヘルスの切り口から新しい事業へもチャレンジしたいと構想中です。

会社設立25周年の２０１８年春には『新・女性の働き方スタイル（仮）』（カナリアコミュニケーションズ）を発刊する予定です。「共感・共創・共生」をテーマに、働く女性たちが「つながる」ムーブメントの起こせる書籍にしたいと思っています。

～ぜひ、自分らしい起業スタイル、働き方で輝いていきましょう！～

自ら選ぶ「破壊的チャレンジャー」

株式会社Ｂｅ－Ｊｉｎ　代表取締役
石川利江

Profile

１９６６年生まれ、福井県出身。

CAとしてのキャリアは、約20年。

国際・国内線のチーフとして、また、教官として日々を過ごす中で、仕事に対する自分の「あり方」が重要と気づく。仕事の成果を見据えた理想とする人間関係構築のためには、「少し視点を変えて工夫すること」の大切さを学ぶ。

２００８年　フリーランスの企業研修講師としての活動を開始。

２０１４年０７月「こころ豊かに美しく生きる」為の３つのＢｅ－Ｊｉｎ「美心・美仁・美人」を掲げ株式会社Ｂｅ－Ｊｉｎ設立・代表取締役就任。

＊

会社概要

社　名	株式会社Be–Jin
所在地	東京都港区海岸１－２－２０ 汐留ビルディング３F
ＵＲＬ	http://www.be-jin.com
代表取締役	石川利江（Michie　Ishikawa）
事業内容	・人材育成、能力開発、自己啓発のためのセミナー、研修の企画、運営、管理 ・講演各種 ・CS/ESリサーチ ・女性活躍推進 ・個人対応（管理職・経営者向け） ・アートセラピー（個人向け）

私は、全日本空輸株式会社（ＡＮＡ）で国内線ＣＡとして勤務した後、国際線第1期生となり、ＶＩＰフライトや新人ＣＡ育成を担当してきました。１９９８年にはスカイマーク株式会社に入社。客室乗員部立ち上げに携わり、職務規定・マニュアル等の作成・訓練体系構築などを行いました。その経験を活かし、現在は企業研修などを行う会社を経営しています。ＣＡ時代から「さて、どうしようか？」と思う困難な出来事に何度も遭遇しましたが、その都度視点を変えて物事を捉え、もしダメだったとしても次の一手を考え、無理難題を成功体験に変えてきました。そんな私を人は「破壊的チャレンジャー」と呼びます。私の体験が、起業を志す女性へのヒントになれば幸いです。

フリーランスでは釣り合わない？

スカイマーク株式会社を辞め、２００８年にフリーランスで講師業を始めました。会社も辞めたし、さてどうしようかと考え、「せっかくだから、やってみたかったことをやってみよう！」といろいろなアルバイトをしてみました。その中で講師業が一番向いていると感じたので、大手企業向けの研修を請け負う研修会社と業務委託契約を結びました。私はシングルマザーですので、「もし子供が熱を出したらどうしよう、対応できない」という不安から、委託で仕事を請け負うという働き方を選びました。委託だと交代要員がいるので安心なのです。

一年後には過去最速で専任講師に。顧客アンケートでは常に満足度98％以上の評価をいただけるようになり、「来年も、次回も」と指名が増えていきました。

それは2014年のことでした。相手は大手の株式会社、私はフリーランスの講師。これでは釣り合わない、フリーランスではダメだと思いました。先方と釣り合うよう会社としてお受けした方が良いと考え、この機会に株式会社を立ち上げることを決意。それまでも自営業で「オフィスBE-JIN」という名前は使っていましたので、社名は「株式会社Be-Jin」とし、代表取締役に就任しました。

もしもあの時このお話がなければ、会社をやっていなかったかもしれません。子供が中学生になる頃起業し、我が子も今では中学3年生。起業から3年経つ今も、おかげさまで多くの企業からお声をかけてもらっています。

「さて、どうしようか？」から始まる次なる行動

起業のきっかけとなる仕事の話を初めて伺った時、正直申し上げますと、「これ、面倒くさいな〜」と思いました。その仕事は、とある外資系アパレルブランドの店舗でミステリーショッパー（覆面調査）をしてほしいという内容。

それまで接遇やコミュニケーションの研修を請け負うことは数多くありましたが、ミステリーショッパーの経験はほんのわずか。先方は「今の自分達のレベルが知りたい」「わかっている人にやってもらいたい」そうおっしゃるので、ご期待に応えるべく、その仕事をお受けすることに

ＣＳ講演　ＩＮ　鹿児島
「制服マジック・お客づくりに大切なこと」
〜ホスピタリティマインドを育み「３つの幸せ」を実現する〜

しました。

そのアパレルブランドは全国に十数店舗を構える大きな会社。普通の主婦として出向くのではなく、「専門家が行きますよ」というスタンスをとりました。ある方の紹介で知り合ったミステリーショッパーに詳しい方とタッグを組み、全ての店舗を二人で回りきり、ミステリーショッパーをやりつつ、そこで働くスタッフのモチベーションを確認し、全員にＥＳ（エンプロイーサティスファクション）調査も行いました。そのデータをまとめて統計もとりました。

調査が終わってから、アパレルブランドの社長はじめブランドの責任者の方々にプレゼンテーションを行い、どういう研修が必要かを訴えかけました。その努力は実を結び、一年間研修を行う契約が取れたのです。「自ら実行できるスタッフに育てよう！」と意気揚々、研修に取り組みました。その研修が一定の評価を受けたため、同じ仕事をその後3回繰り返すことになりました。

研修で特に注力したことは、「マインド・リセット」です。それに気づくスタッフはどんどん変わっていきます。みんなに「私、できてるじゃん！」と思わせてあげることを意識した結果、研修を通して上司と部下、スタッフ同士がお互いの考えを分かり合えるようになっていったのです。この時、講師としてのやりがいを感じました。起業して3年は「起業しなきゃ」で始めたけれど、今はやってよかったと思います。自分も成長させてもらいましたし、何よりこれまでやってきたことが、3年前には考えられないことばかりだからです。

産みの苦しみ

研修の仕事をお受けする際、いつも大変だなと思うことは「コンテンツ作り」です。アパレル販売スタッフが対象の時、彼らにプロとしての意識を自覚させるためには何が必要かを考えました。自らのプロフェッショナル度をどうやって理解させようかと考えると、つい手が止まってしまうのです。まさに産みの苦しみ。考えて考えて何とか案を出し、最終的に「神の手大作戦」や「Tシャツたたみ選手権」など、なるべく楽しく学べる研修を作り上げました。

「神の手大作戦」とは、洋服を手で触り、素材を当てるという研修です。「この素材はこういう手触りなんだ」「何でできているんだろう」「コットンだけど化繊が入っていると乾きやすいんだ」

などの知識を体で覚え込む。一方、「Tシャツたたみ選手権」はその名の通り、Tシャツをいかにきれいにたたむかを競う研修。いずれにしても、普通にマナー研修だけやっていてもつまらないと思ったことと、研修を通して「いかにお客様の目を引くか？」を自然に身に着けられるようにと考えついた内容です。できていることとできないことを実感させるため、あえて「選手権」などとしてみました。こんな風に「どうやって相手に気づかせるか？」という手法を考えるのが好きです。好きですが、いつも大変な思いで作り上げていることだけは間違いありません（笑）。

仕事を請け負う仕組みを作る

２０１６年に、研修やセミナーの企画・実施を行う『一般社団法人ＰＢ Ｌａｂ．』を友人と立ち上げ、私は専務理事に就任しました。自分の会社は株式会社とはいえ小さな会社。企業から仕事を受けるには営利目的ではない一般社団法人の方が有利だと考えたのです。ＰＢ Ｌａｂ．は現在、お蔭様でものすごい勢いで伸びています。地方からもご依頼くださるので可能な限り、お請けするようにしています。立ち上げてわかったのですが一般社団法人とお伝えすると、みなさん安心してお話を聞いてくださるようです。

一般社団法人としてお話をし、その後株式会社Ｂｅ‐Ｊｉｎで仕事を請けるという仕組みを作り上げました。私が打ち合わせに行きますと、先方から「営業の方が来られると思っていました」と驚かれます。なぜなら私が直接話しに伺うからです。私＝専務理事が請けた仕事に専務理事が打ち合わせをし、登壇もすると先方にお伝えするとダイレクトに要望をお聞きするので「安心ですね」と、案件はその場でスムーズに決まります。

このように、自分で計画し流れるように仕事を回していく仕組み作りが順調に動き出してきたこと、その結果誰かに自分を評価してもらえること、どちらも起業して良かったことだと感じています。

後継者の育成と自分ブランドへの成長

私は今51歳です。これまで最前線でがんばってきましたが、それも55歳くらいまでかなと思っています。今でも一日中研修をしていると体がきついなぁと感じることも（笑）。それだけの理由ではありませんが、多くの方に研修を受けてもらうためにも２０１８年からは自分の後継者を育てることと同時に、Ｅラーニングやｓｋｙｐｅでの打ち合わせ、ビデオ研修なども計画し、より幅広い活動につなげていきます。２０１９年の春には育てた人材が新人研修などで堂々と登壇にあがれるよう、研鑽をつみあげております。

そして仕事は「誰と組むか」がとても大切です。人とのつながりって、すごいことだと思いませんか？　それまで会ったことすらなかった人と、仕事をするチャンスに恵まれ、その人との仕事に生きがいを感じられる幸運。これをやろう！　となった時、私はこれができます！　私はこれができます！　これは検討しなおしたほうが？　とどんどん意見を言い合える間柄――。

次のステップとして社内、社外関係なく「チームで仕事をする」という仕組み作りに真剣に取り組んいこうと計画しております。

「心豊かに、美しく生きる」「みんなでやっていく」という弊社Ｂｅ‐Ｊｉｎの考え方に賛同してくれる人たちとチームを組んでより満足いただける結果を提供していきたい。そして私自身が登壇することにもっと意味を持たせていきたい、そんな「自分のブランド」を確立し、自分の付加価値をつけていきたいと思うのです。そんな結果を生み出すチーム作りの結成を近い将来ぜひ実現させたいです。

起業はまず、「自分がどうありたいか」を考えること

「どうしたらいいか」を自分で考え、働き方に変な枠をつけず、自分が楽に楽しく働けるよう仕向けていく。これが起業の醍醐味だと私は思っています。

ＣＡをしていた時のこと。ＣＡは妊娠が発覚した時点で乗務停止というルールがあります。一般職や地上職は妊娠中でも勤務できるのですが、ＣＡの場合は母体に何かあってはいけないということで勤務自体ができないのです。その間ももちろん無給。しかも税金が引かれて給与明細はマイナス!!　郵便で届いたその明細を見て呆然となりました。「嘘でしょ？」せめて税金分だけでも働かなくては……気づけば会社に電話をかけ、地上勤務の交渉をしていました。結果、交渉は成立。ありがたいことに妊娠８ヶ月まで地上勤務に就かせてもらうことができました。

女性活躍推進セミナー　ＩＮ　仙台

今、「女性活躍推進」や「働き方改革」と言われる中、企業は、研修を開催したり、ルールを変えたりと、女性はもちろん誰もが働きやすくなるようにと行動を起こし始めています。これは組織で働く者にとっては、とてもありがたいことでもあります。ですが、その整えられた「ルール」は、本当に自分が働きやすいと感じることができる制度になっているでしょうか。ピッタリ合えば良いですが、そうはいかないのが現実。会社員の場合はまず就業規則を読んでみて、「ここは合うけどここは違う」という判断をしていくことで、ルールを活用しながら自分の働き方を柔軟にしていくことができると思うのです。

人それぞれ考え方はあると思います

左 女性活躍推進セミナー「自分がやりたいアイデアに出会える」 〜私が輝く未来を描こう〜
右「欲求カード」を使って自分の中の欲求の優先順位を知る

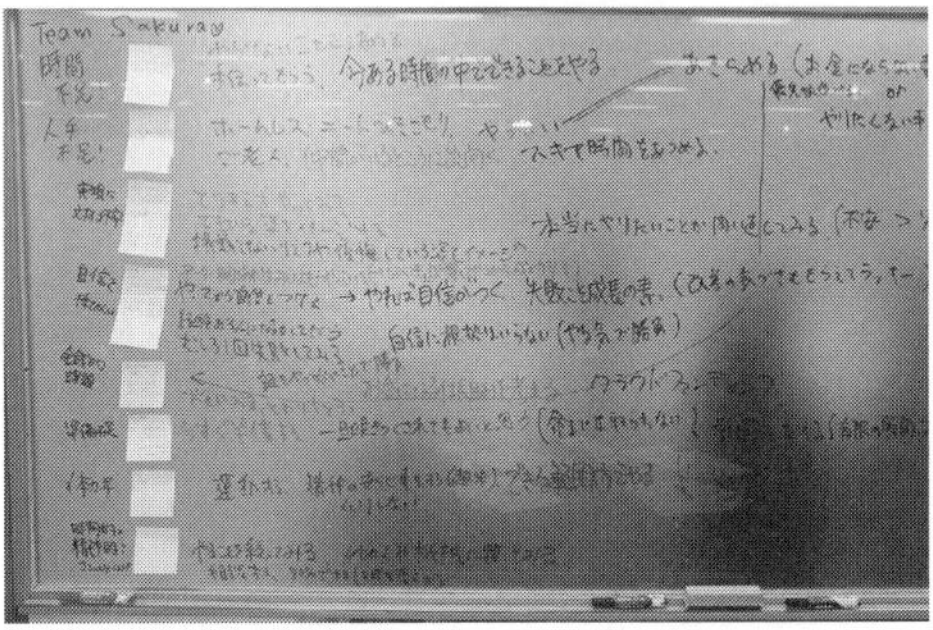

未来に潜む「障害」と乗りこえるためのヒント

が、私はいつも「自分に問いかける」ことをしています。あくまで軸は自分。「自分はどうしたいか？」それを追い求めることで相手にも影響を与えていく——。まずは、「自分がどうありたいか」を決めること。これは働き方に限らず、子育てにも関係あることだと思います。

子育てをしながら働くのはとても大変なことです。私もそうでした。仕事も子育ても両立したい！　と思っていました。でも現実は想像以上に難しいことばかりでした。両方を「両立＝完璧に」とはいかなかったのです。打ち合わせがあるときに限って「子供が熱！」とか、子供を優先したいけれど出張が入ってしまったとか……なんでこんなタイミングのときに！　働くママなら何度も経験していることではないでしょうか。

そういう時こそ私は、今どちらを優先すべきなのかを自分に問いかけてきました。

目の前の状況を見て「今は子供のために時間を使う時なのか、今は仕事を優先する時なのか」もちろん病気の時は、人に預けられる程度なのか。仕事であれば、必ずそこに私がいく必要があるのか、スカイプではどうか？ スケジュールの変更が可能なのかどうか、あらゆる代替案も考えます。今自分ができるベストな選択はなんなのだろう？ そして最後に自分は今どうしたいかを問うのです。

もちろん、「この選択は本当に正解なのか？」そんな気持ちがよぎったこともあります。でも、「正解はない」のです。おかしいな？ と察知したら軌道修正すればいいのです。だって正解はないのですから。

子供を育ててわかったのは、仕事の変わりはいるけど、子供の親は他の誰でもなく自分だけです。子供の今を見守ることができるのは私だけという「軸」が明確にあるからだと思います。

そして両立というのはどちらも完璧にこなすことではなく、いかに今、目の前の課題に集中力を切り替えていけるのかだと思います
自分に問いかけて、自分で答えを出す。納得して選択し、そして行動を起こす。

大切なことは、「私はどうしたいか」です。

会社を立ち上げる時、息子はこう言ってくれました。「ママ、社長になるの？すごいじゃん」と。

その後「何が変わるの？」そう聞かれたので、「大きな変化はございません」と答えました。家

管理栄養士のための仕事を円滑に進めるための
「コミュニケーション術」ＩＮ　福井

で仕事をする時間は今までより増えると思う、とも伝えました。それで終わりです。息子の理解が得られたことを嬉しく感じました。彼は彼なりに「働くママ」ということを理解してくれていたのです。私が家にいる時間が多くなると、息子は私の落ち着かない様子を見て、「そろそろお仕事に行ったら」「出張とか行かないの？」と言ってくれます。

自分がどうありたいかを考え、自分の中にしっかり軸を持つ。働くにせよ子育てにせよ、私はこのことを最優先に考えてきました。お子さんをお持ちのママは、どんどん働きに出るといいと思います。起業もいいと思います。そうすればきっと、周りへの影響が増していき、良い結果につながると私は信じています。

「人とのご縁」で脱した苦境

株式会社Ｖａｌｕｅ＆Ｃｒｅｄｏ　代表取締役

小澤珠美

Profile

1972年生、神奈川県横浜市出身。学生時代に元文部科学大臣・下村博文氏が主宰する学習塾でアルバイトで塾講師を始める。大学卒後、15年大手進学塾で高校受験・中学受験の指導に従事。2010年に独立し、現在は東京・市ヶ谷で学習塾を経営。
また一般社団法人　日本青少年育成協会認定準上級教育コーチ・PM級トレーナーとして、パパ・ママの笑顔、その先にある子どもたちの笑顔を支援するため、教育コーチングをベースにした「子育てセミナー」「ワークショップ」などを開催。

＊
＊
＊
＊
＊

会社概要

社　名	株式会社Ｖａｌｕｅ＆Ｃｒｅｄｏ
所在地	東京都新宿区市谷田町3-1 esiuビル10F
ＵＲＬ	http://www.kojinjuku.jp/
代表取締役	小澤珠美
事業内容	東京・市ヶ谷を拠点に中学受験をメインにした学習塾を経営。 教育コーチング　認定校 みんなの速読　認定校

起業の道へ進んだものの、たった2年で大きな困難に遭遇しました。それからの数年は、新規生徒募集、広報活動において本当に大変でした。何をやってもうまくいかないのです。だけどそんな時、いつも誰かが私を支えてくれていました。困難から立ち直る時、何か良い方へいくきっかけはいつも、人とのご縁から生まれています。カリスマ塾講師から塾経営者への転身劇。そのきっかけは思いもよらないところにありました。

夫婦で塾をスタートさせる

起業のきっかけは突然訪れました。大学を卒業してから15年間、私は大手進学塾で高校受験・中学受験の指導に従事しました。女子学院・雙葉・フェリスをはじめとする女子難関校対策の指導もしました。最後の3年は責任ある立場になったこともあり、「この会社でやれることはやりきった」という気持ちが芽生え出した2010年2月、業界の大先輩からご紹介いただいた勉強会に参加しました。それはちょうど中学入試が終わり、仕事が一段落する時期のことです。今思えばあの日の勉強会でお会いした何人もの方々と、起業してからも様々な関わりがあり、大切なご縁につながる貴重な一日となりました。

勉強会に参加してみて、気持ちに変化が起こりました。それまで会社を辞めようなどと考えたこともなかったのに、「無理に会社に固執することはない」と、その時感じたのです。一週間悩みました。そして決めました。「会社を辞めよう」そう決心した頃には忙しい時期は過ぎており、春先まで少し余裕のある時期になっていました。辞めることを告げた後すぐ、有給消化に入りました。この時点ではまだ起業は考えていません。ただ、会社を辞めただけです。

その後、専業主婦になりましたが……1ヶ月も経つとすぐ「私ダメだ、この生活。私の性格には合わない」と感じるようになりました。主人はもともと私と同業で、当時は各地での講演や学習塾のコンサルティングなどを仕事にしていました。そんな主人に「塾を作らないか？」という話が舞い込んだのです。主人とは前の会社にいた頃からいっしょに仕事をしており、もともとビジネスパートナーでもありました。塾を作る話が来た時、自然と私も手伝う流れとなり、私は起業の道に進みます。主人が社長、私は役員という形で、中学受験に特化した塾がスタートしました。

サイトの「炎上騒ぎ」

起業して2年目、私たちにとっては非常に大きな出来事が起きました。会社をスタートさせたのは2010年4月のこと。その年の夏、どうせやるなら交通の便が良いところで始めようと考え、東京八重洲で塾を始めました。そこはオフィス街。チラシだけでは子どもがいる家庭にリーチするのは難しい、という考えでいました。そのため、教育サイトに広告を載せたりなどインターネットを使って宣伝をしました。おかげさまで生徒数は多い時で150名を超え、静岡市や高崎市など地方から新幹線で通ってくれる子もいたほどだったのです。

それが起きたのは、2012年春先のこと。「炎上騒ぎ」が起きたのです。ネット炎上です。

それは入試がうまくいかなかった卒業生の、保護者の方のお一人の書き込みから始まりました。「広告で謳っているようなことをしてくれなかった」というのが書き込みの内容です。それを見た人たち（主に塾とは関係ない人たち）が、こぞって書き込みを始めたのです。最終的には脅迫めいたことまで書き込みがあり、警察や弁護士の先生の力を借りて対応するほどの状況でした。ネットの威力を痛感する経験でした。

気づけば150名いた塾生は半分にまで減少。当時、八重洲で借りていた2フロアの家賃は120万円と高額でしたので、家賃の支払が危うくなってきました。このままでは経営も危うくなってしまいます。2012年の終わりから別の場所を探し始め、2013年2月、東京の市ヶ谷に塾を移転。それまで会社名と塾名を揃えていましたが、移転と同時に塾名を変更。炎上騒ぎは1年経っても収まらず、何もしなくてもインターネットではマイナスの宣伝ばかりが出回る、という最悪の状態になっていました。

そんな中、移転しても残ってくれた塾生たち、保護者の方、かげながら支えてくれる卒業生の保護者の方がいました。アドバイスをくださる方やサポートしてくださる業界の先輩の方もいました。「どんな苦境にあっても信じてついてきてくれる人がいる、助けてくれる人がいる」そのことをひしひしと感じることができたのは唯一の救いだったかもしれません。市ヶ谷に来た時点で生徒数は30名を切っていました。八重洲時代の5分の1です。こんな状況を知っても来てくださる保護者の方がいるという事実は、私たちを大いに勇気づけてくれました。そして誓いました。「この子たちのために、とにかくやりきろう！」2013年は私たちの新たなスタートの年でした。

長引く苦境

炎上騒ぎが起きた後、ある経営者の先輩にこんなことを言われました。「炎上したら3年は立ち直れないよ」それを聞いた時、「そんなにがんばれないよ」と思いました。しかし、残念ながらそれは事実でした。ネットの影響はすぐには終わってくれないのです。炎上から良い流れが止まりました。そこから3年は尾を引きました。炎上騒ぎが気にならなくなったのは、ほんのここ数年のことです。

今ではほとんどネットの影響もなくなり、市ヶ谷に住む地元の生徒が増えてきました。地元の方が口コミで広めてくださることもあり、広告宣伝はほとんどしていません。今はとてもいい形で広まっています。本当にありがたいことです。これも全て、人とのご縁だと感じています。だからこの塾を大きくしようという気持ちはさほどなく、大きくすることよりも「目が届く範囲でしっかりサポートをしたい」という気持ちの方が強くあります。それが市ヶ谷の塾のコンセプトでもあります。

苦境からの脱却

起業してすぐ大変な事もありましたが、もちろん良かったこともあります。それは「多くの人

保護者対象コーチングセミナー

と出会うチャンスを作れること」でした。会社員時代も人に会ってはいましたが、今の方が出会いのチャンスが桁違いに多いのです。会社員は拘束時間が決まっているので外へ出向く機会を作ることが難しいですよね。ですが起業をすると、自分の意志で時間を作れるようになります。現在私は塾の講師として働くかたわら、教育コーチングのトレーナーとしても活動しています。

炎上騒ぎが起きてからというもの、それまで書いていたブログが書けなくなってしまいました。コメントも含めて、目に見えない人たちとのコミュニケーションに強い恐怖を感じたのです。２０１２年は、人を信じることに大きな不安を抱えた１年でした。２０１３年夏に、やっと少し気持ちが落ち着き、私は外に出始めました。その時偶然、教育コーチングの講座を受けたのです。

胸に大きくのしかかるネットのトラブル。それはずっと続いていることだと思っていました。しかしコーチングの講座の最中そのことを言葉にしてみて初めて、「私の中ではすでに完了されていたんだ」ということに気付いたのです。そこから私の動きは変わりました。自分一人でがんばらなきゃ、なんとかこなさなきゃ、という感覚がなくなったのです。人とのご縁というものは本当に不思議ですね。大変な時こそたくさんの人とご縁があるといいますか、そういう事が大事で、それに私は助けられてきたのだと感じます。教育コーチングのトレーナーたちとも以前からご縁はありましたが、まさか自分が受講し、トレーナーになるまでハマるとは思っていませんでした。本当にタイミングってあるのですね。

教育コーチングのトレーナーの資格を取ってからというもの、公立・私立中学のPTAや公的機関の講演会、セミナーに呼んでもらえるなど、講師としてお声をかけていただけるようになりました。２０１７年10月も他県の公的機関からのご依頼で、保護者の方を対象に講演をするお話もいただいています。これも起業したおかげです。あのまま会社員を続けていたら、実現しなかったことでしょう。

こんな私だからこそできること

塾経営でひしひしと感じることは、「親子の関係の変化」です。最近の子の多くは、親を友達

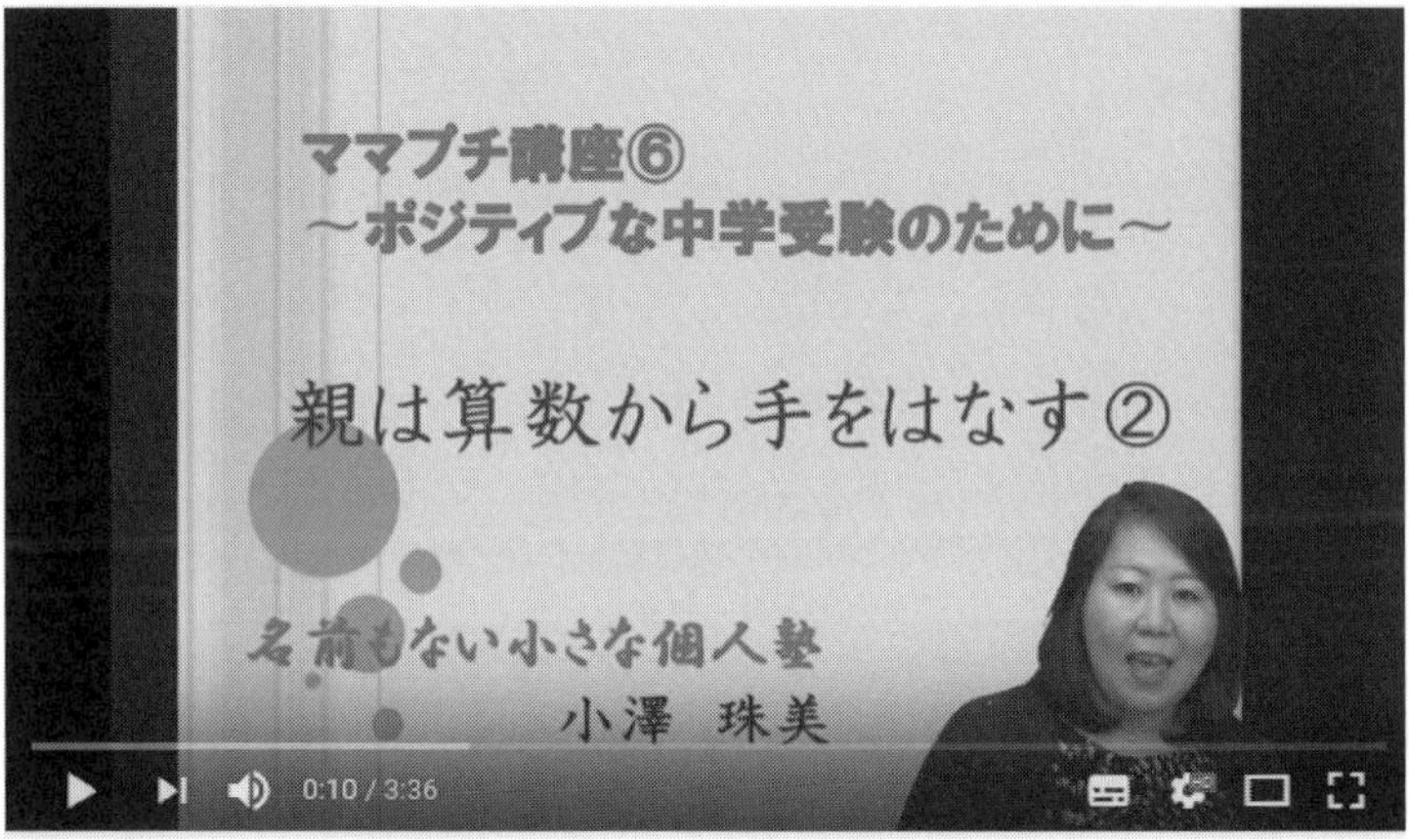

You　Tube　ママプチ講座〜ポジティブな中学受験のために〜

のような存在だと感じています。それは子どもたちが発する言葉に顕著に表れます。昔の子どもたちは、「親に怒られた」「親に叱られた」という言い方をしました。しかし最近の子はそうは言いません。「親とけんかした」と言うのです。自分と親を対等に見ている表れではないでしょうか。どちらがいい悪いではなく、私たち大人が育ってきた時代と違いがあるのです。

そんな中、お子さんへの関わり方に悩み塾に来られるお母さんの中には、親子関係にひずみが生まれ、お困りの方もいらっしゃいます。過去に思わず子どもに包丁を向けてしまった、子どものテキストを思わずビリビリに破いてしまった、と涙ながらに語るお母さんにも出会ったことがあります。「カリスマ講師なら何とかしてくれるだろう」と、塾を最後の拠り所とされて、お問い合わせが入る

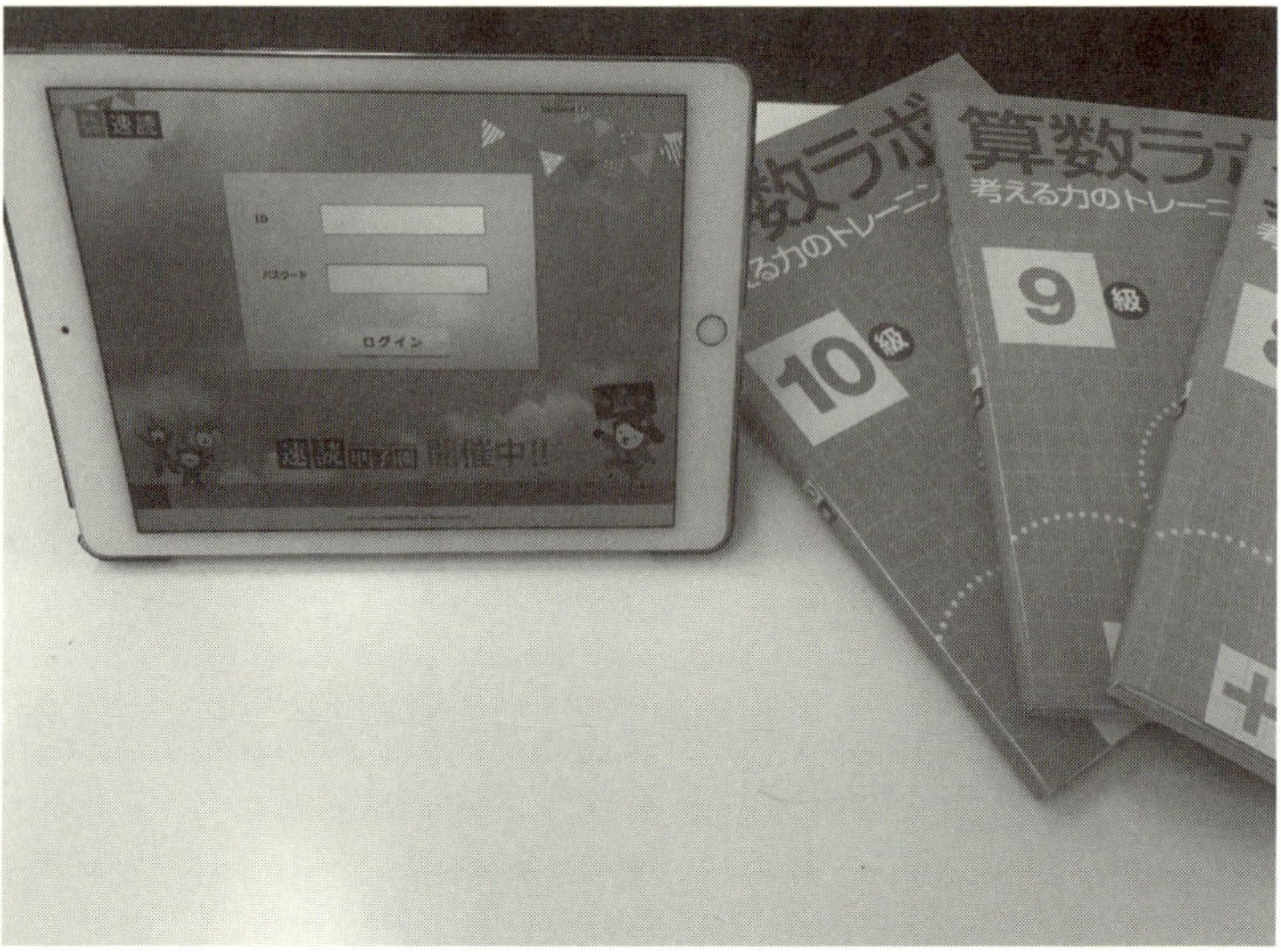

ipadを使っての速読＆思考系算数

こともあります。行き詰まってしまい、途方に暮れていらっしゃるのです。私たちの塾では小学4年生からしか本格的な受講をお受けしていません。私たちのところに来られる前に、親子関係がひどくなってしまっているケースに多く出会ってきました。

とは言え、小学1年生から塾に入れるなどしてしまうと、子どもは5、6年生になる頃には疲れてしまいます。そこで私は考えました。「子ども向けのお稽古教室を作ってみてはどうか」ということを。ハードな中学受験の勉強をする以前に、子どもたちが多くのことにチャレンジし、小さな成功体験を積み重ねられるようなお稽古教室。子どもたちが伸びやかに豊かに育ち、パパ・ママが子育てを楽しめるもう一つの場所。そして子育てに悩むママたちが気軽に相談できる空間。子どものカルチャーセンターのような、子どもも親もたくさん集まってくる場所を作る。生まれたばかりの子から小学生まで、親子があふれる場所を作る。中学受験は親子でできる最後の共同作業です。だからこそ、そんな場所が小さい頃にあったら中学受験も変わってくるのではないか、と私は考えています。それに向けて現在いろいろ動いている最中です。実現する日がとても待ち遠しいです。

これから起業を志す女性へ

これから起業を志す女性に何か一つお伝えするとしたら、私はこの言葉を選びます。「自分が楽しめる仕事をし、出会いを大切にすること」です。まず、自分自身が楽しむことが一番。仕事を楽しみ、人との出会いも楽しんでいく。そこを大切にできれば、後で思ったように点が線になっていきます。今過去を振り返ってみても無駄なことは何一つなかったと感じます。子育ては仕事に生きていますし、炎上もそうですし、八重洲での経験もそう、大手の塾にいた時もそうです。

人生、本当に何が起きるかわかりません。大手の進学塾に勤めていた頃知り合った方や、お仕事をご一緒させてもらった方々も、未だに応援をしてくださいます。人とのご縁は長く続くものだとつくづく感じます。そのためには、いつでも誠実に人と接し、自分が信じたことを誠実にやり続けることが大切ですね。自分がしていることは特別なことではないと思いがちですが、言葉にして人に伝えてみると、案外大きな反応をもらえることがあります。「あれ？私わりとイケてることしてた？」なんて思えたりするのです。

苦しい時もあります。悲しい時もあります。だけど続けてさえいれば、困難は乗り越えられます。そこには多くの人がいてくれることでしょう。あきらめることなく、最後までやり続けることが大切だと私は考えます。特に、起業すると自分で時間を作ることができますので、お子さんがいる女性に起業はうってつけだと思います。やり方次第では、会社員よりずっと恵まれた環境を創ることもできるでしょう。

ただし、好きで長くやれることで起業をしないとなかなか続かないとも思います。いやいやしていても長くは続けられないですよね。さらに、そのビジネスが自分以外の誰かにとってメリットがなければビジネスとしては成功しないですし、想いがあればいい、ではダメ。想いも必要、だけど人のメリットも必要です。社会にどんなメリットがあって、届けたい人にどれだけのメリットがあるか。それがわかっていると自分自身もとても楽です。

こうして私は人とのご縁に恵まれながら、苦境を乗り越え、素敵な、そして大切な人たちに囲まれて今仕事ができています。人とのご縁はこれまでも大切にしてきましたが、今まで以上に大切にしていきたいと感じています。苦労もありましたし、今もまだまだ発展途上ですが、「起業してよかった」と、今は声を大にして言いたいです。

「人とのご縁」で脱した苦境
株式会社Ｖａｌｕｅ＆Ｃｒｅｄｏ　代表取締役　小澤珠美

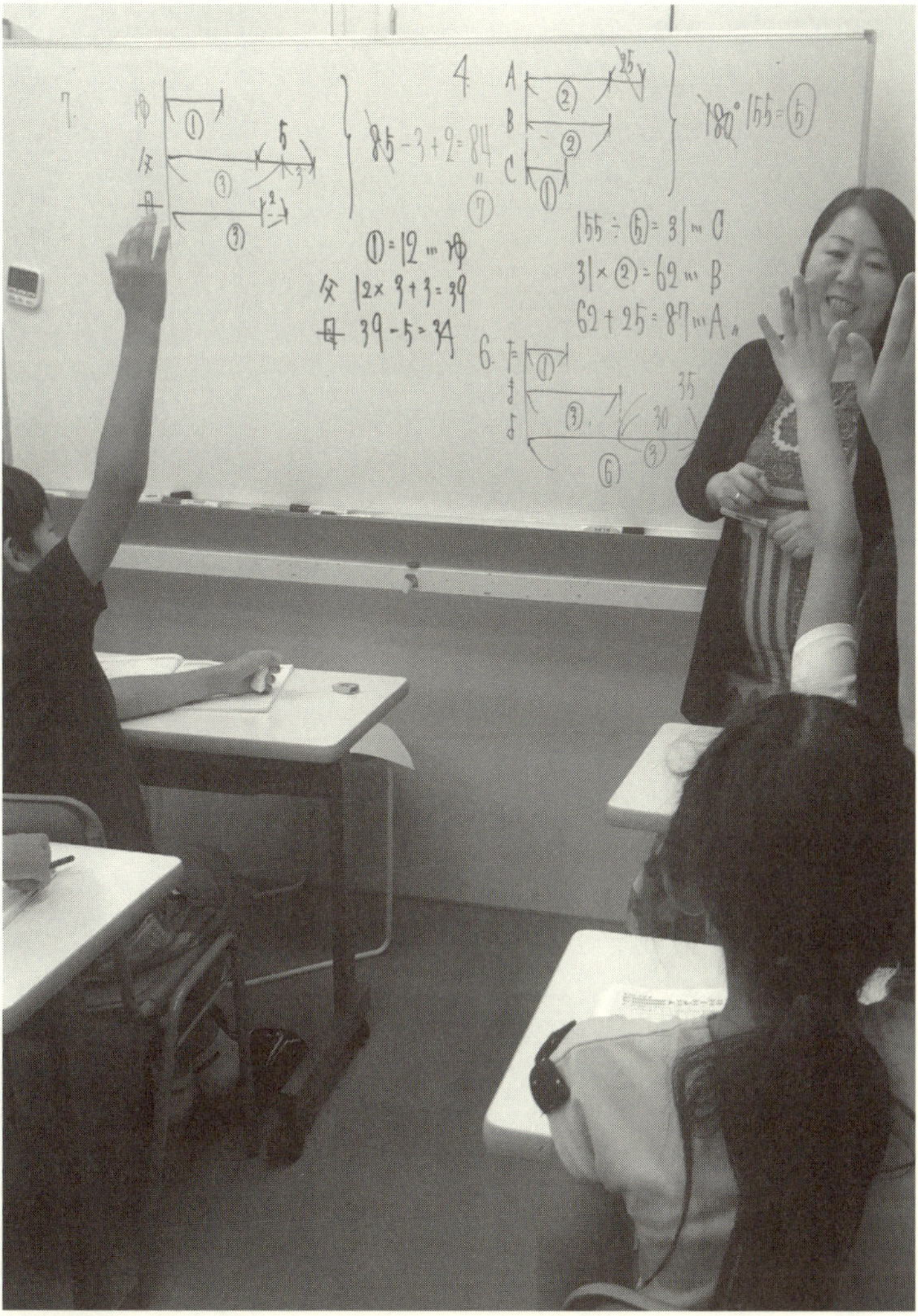

授業風景

どんな時も笑顔で
～最低のことがあれば、最高のことが必ず起きる。出来事には意味がある。～

ケイコネクト株式会社　代表取締役
杉浦美穂

Profile

フラワーデザイナー。

オーストトラリアプリザーブフラワー（ＡＰＡ）協会副理事。理事認定校ＡＫ（アーケイ）主宰。

生花でアレンジメントの基礎を学んだ後、オーストラリアの植物に興味を持ち、ＡＰＡ協会の講師資格を取得。

大自然に自生するワイルドフラワーの特徴を生かした大胆なアレンジから、ナチュラルでエレガントな作品まで、幅広い表現で評価を得る。

フラワーショー、都内有名デパート、ギャラリーへの出展のほか、陶芸や着物、アクセサリーなど、他のアーティストとのコラボレーションも多数。

武蔵野音大声楽科卒。近年は、もう1つの顔でもあるピアノリトミック講師で培った幼児教育を活かし、花育にも積極的に取り組んでいる。

＊
＊

会社概要

社　名　ケイコネクト株式会社
所在地　東京都目黒区自由が丘2-9-8
ＵＲＬ　http://ak-i.net/
代表取締役　杉浦美穂
事業内容
オーストラリアプリザーブドフラワー教室経営
オーストラリアプリザーブドフラワー販売／飲食店経営

人生で初めてオーストラリアプリザーブドフラワーを手にした瞬間、心にパワーが充ちていくのを感じ、とても元気になったことを今でも鮮明に覚えています。

私は35歳の時に、２人の娘と３人で新生活を再スタートさせました。当時の娘たちは小学校３年生と1年生。慣れないことが多く、やっていけるかしらと不安な日々でした。世間知らずな自分を思い知らされ、落ち込む出来事が多く途方に暮れていました。そんな時に出合ったのが、今の事業の柱になっているオーストラリアプリザーブドフラワーだったのです。

辛いことが続いていたある日、オーストラリアプリザーブドフラワーの花材を買ってきて、工房でアレンジメントを楽しんでいました。写真を撮ろうとレンズをのぞいたら、お花がキラキラと輝いて見えたのです。

「何だか、私、やっていけるような気がする」

直感的にそんな言葉が思い浮かび、心にパッと灯がともったように感じました。それからすぐに、オーストラリアプリザーブドフラワー教室の門をたたき、レッスンに通い、２００７年にインストラクターの資格を取得。オーストラリアプリザーブドフラワー教室をスタートさせました。他にピアノ教室、リトミック教室、幼児教室もあり、合計4足のわらじを履いておりましたが昨年、３つの教室に区切りをつけ、オーストラリアプリザーブドフラワー1本に事業を集中させることに決めました。

２０１７年9月に、東京の自由が丘にショップを開店。現在はそこで、オーストラリアプリザーブドフラワーの教授活動と花材の販売をしています。

子供たちの生まれ持った資質を活かす教育をしたい

1991年から始めたピアノリトミック教室と2000年頃から幼児教室を始めました。自分自身が子供を保育所に預けてみて、納得出来なかったこともあり、音楽や創作、季節の行事やしつけを身につけられる、そんな一時預かりの場があるといいなと思い自分の経験がいかせないか？　そう考え保育士の資格を取ることを決めて勉強していたのですが、試験の日に娘がインフルエンザになり2年連続で試験を受けられず、結局保育士の資格は取れませんでした。その保育士資格の勉強をする中で、徐々にある疑問が…。

日本の幼児教育は、右向け右。ゆっくり食事をとる子供に「時間内に食べなさい」、おしゃべりしたい子供に「静かにしようね」という、いわば頭ごなしの教育。ゆっくり食べる子供にも、おしゃべりしたい子供にも、その子なりの理由があるのです。日本の幼児教育を学びながら、私自身の考えと合わないことにジレンマを感じるようになりました。

私は型にはまったことが好きではなく、自分の子育てにおいても、子供の資質を大切にしたいとのびのびと育ててきました。良いものを持っているのに環境によって伸びたい方向に伸びなかったり、芽が摘まれてしまったり。

もっと子供自身の良さを出し、子供を伸ばす教育をしたいと感じていたのです。そして、私の考える理想の教育を求めて出会ったのが、生まれ持った資質を伸ばす教育をする「チャイルドマ

インダー」でした。
それまでにも、自分で何かを創りたいと思い、ウエブデザイン、グラフィックデザインなど、クリエーターの勉強を熱心に頑張ってきたこと。保育士の資格を取得できなかったこと。そしてチャイルドマインダーに出会ったことが後押しし、２００２年からは未就園児のためのリトミック、工作、季節の習わしなどをカリキュラムに入れ、スタッフとして保育士一人を雇用。季節にまつわるものを１つ工作して、由来を学んだり、畑に出て野菜を収穫して食べたり。家では嫌いだと言って食べない野菜も、収穫したものは美味しいとほおばっている子供たちの姿は、とても微笑ましい光景でした。

自由な発想で思いどおりにアレンジできるオーストラリアプリザーブドフラワー

そんな中でオーストラリアプリザーブドフラワーに出会い、生きる活力をもらった私は、2007年に講師の資格をとり取得し、オーストラリアプリザーブドフラワー教室を開講したのです。自宅をサロンとして「AK（アーケイ）」と名づけ、スタートさせました。この「AK（アーケイ）」という名前は、「藍（あい）」と「恵（けい）」という2人の娘たちの頭文字を取っています。子供たちを犠牲にしたくない、大切にしたいという思いから名付けました。

オーストラリアプリザーブドフラワーとは、西オーストラリアの原野に咲く野草（ワイルドフラワー）を、半生に特殊加工したものです。先住民族アボリジニは、ワイルドフラワーを薬草として使っていました。ワイルドフラワーは生命力が非常に強く、何十万年ものあいだ品種改良などの人工的な手を加えられず、原種の姿を今も残しています。大きな葉っぱは日向に、小さな葉っぱは日陰に生えていたもの、虫が食っていたり色ムラがあったりは当たり前。まさに自然界に生きるそのままのお花を使っているのです。

ワイルドフラワーが持つ天然の瑞々しさと清々しい香りは、プリザーブドに加工後もそのまま保たれます。水やりの必要はなく、アレンジ後も美しい姿を保ち、約半年から1年後にドライフ

ラワーに自然に変化していきます。「枯れない、水やりがいらない、癒される」ことが特長で、1年程そのまま飾ることができ、贈り物にもとても喜ばれています。バラなどのプリザーブドフラワーは、プリザーブドフラワーになるために栽培され、規定どおりに育てられます。一番の違いは、オーストラリアプリザーブドフラワーは、自然に咲いているお花を加工しているということです。

私は学生時代から生け花を習っていましたが、生け方のルールがあること好きではありませんでした。大人になり、自由にアレンジできるフレッシュフラワーを趣味で楽しんでいました。そして新たに出会ったオーストラリアプリザーブドフラワーも、オーストラリアの大自然のように自由な発想でのびのびと型にはまらずアレンジメント出来る。

それが私の生き方にピッタリ合っているのです。バラみたいな美しさはないけれど、大自然の気象条件で生き抜くワイルドな生命力と、個性的な色や形、それに独特の香りも魅力的なお花たちです。

4足のわらじを履く日々から、オーストラリアプリザーブドフラワー事業で法人化

こうして私は、ピアノ教室、リトミック教室、幼児教室、そしてオーストラリアプリザーブドフラワー教室と、4足のわらじを履くことになりました。

子供たちの笑顔にはやりがいを感じ、オーストラリアプリザーブドフラワーにはパワーをもらい、充実の日々。数々のワークショップを開催、展示会やイベントにもたくさん出展させていただきました。実はこの頃まだ起業という意識もなく、日々楽しく、日々自由に生きていました。

9年が経った2016年、幼児教室は順調に成果をあげたものの、将来への不安などからメンタルな部分は揺れていて、気持ちが沈むことも珍しくありませんでした。そんな時に家の中を片付けていたら、2007年に取得したオーストラリアプリザーブドフラワー講師の資格修了証を偶然見つけました。

趣味で始めた「数秘」という統計学では、種を蒔く年、育てる年、実になる年、というのがあり、

オーストラリアプリザーブドフラワーは、それぞれ3つの年にピッタリ当てはまっていることに気付いたのです。気付いたということは、今後はオーストラリアプリザーブドフラワーを活かしていくんだと捉え、将来きちんと柱となる事業にして、身を立てていくことを真剣に考えました。

そして出した結論は、4足のわらじであったピアノ、リトミック、幼児教室を全てやめて、オーストラリアプリザーブドフラワー1本にすること。2017年2月に株式会社ケイコネクトとして法人を設立。同年9月に自由が丘のショップをオープンしました。

社会的に「信用」を得ることの難しさ

オーストラリアプリザーブドフラワーの事業は順調で、渋谷か代官山にショップを持ちたいと物件探しを始めます。この時に私は、「信用」を得ることの難しさを、生まれて初めて思い知らされることになりました。

不動産を借りるには、何よりも信用が大切。それなのに、売上げを聞かれると毎月の安定収入があるわけではなく、唯一持ち家があるくらい。保証人として父をたてようとすると、父の資産リストまで出すように言われたこともありました。15坪の物件を借りるのに、マンション1棟を購入するのかと思うほどの審査！　行くところ行くところで、いつも足元を見られるのです。それまで順調だと思っていたのに、実際に社会に出てみると「信用」がなかなか得られなかったことは本当に辛く、何よりもショックでした。

信用という面からも、資本金を持ち法人を設立しましたが、その信用が全く得られないのです。物件探しはうまくいかず、渋谷と代官山とは別の場所に変えようと思っていたところ、自由が丘でいい物件があるという情報を得ました。今度は自由が丘の不動産屋に、物件のイメージを伝えてお願いしました。

すると翌日には電話があり、決まったのが今の自由が丘のショップです。2017年2月から始めた物件探しは、それまでの数か月の苦労が嘘のように、6月のこの日一晩で決まってしまったのです。さらに飲食NGだったのを、不動産屋さんの交渉のおかげで飲食OKにしてもらうことができ、キッチン設備の工事もできました。

「信頼」は起業の宝もの

起業して良かったこと、それは「信頼」のひと言に尽きます。

２００６年に始めたピアノとリトミック教室、２００７年の幼児教室とオーストラリアプリザーブドフラワー教室、そして２０１７年の法人化まで。この間に培ってきた私の人脈は、本当に宝物です。素晴らしい仲間たちの応援があったおかげで、11年間続けてこられました。

リアルでも助けてもらえるし、ＳＮＳで発信すれば、みんなこぞってたくさんのことを提案してくれます。仲間たちの職種はさまざまで、グラフィックデザイナー、コピーライター、カメラマン、ライター、士業など。主婦である時には全く接点がなく、知り得なかった人たちです。独身の人もいれば家族を持つ人など、生き方はさまざまで、すごく頑張っている同世代の人たちです。プロジェクトＭ（美穂のＭ）というグループまで作って助けてくれて、もう感謝しかありません。

おかげさまで9月のオープニングパーティには、90人もの仲間が駆けつけてくれました。その仲間がパーティ用の料理を徹夜で作ってくれたおかげで、私は接客に専念できました。やっぱり神様はいるんだなと本気で思いました。最初に教室を開講してから11年間で、「信頼」という宝ものを手にいれることができました。

悪いことが起こった時ほど「笑顔」で

私のモットーは、悪いことが起こった時ほど、笑顔でいること、良いことを考えて良い方向に想像すること。ショップのオープンは8月16日を予定していましたが、実際は9月になりました。

その間にトラブルもありましたが、「私は大丈夫、これは何か意味がある」と思い、オープンに向けて、睡眠時間をけずりながら黙々と準備をしました。同年代の女性がから、「最近疲れて、いろいろなことをあきらめかけていた。美穂さんのおかげで、また頑張れそう」、「美穂さんが店を持つという夢を現実にしているのを見て、私も夢をもらった」と声をかけてくれるようになり、とても嬉しく思っています。

うまくいかない時は落ち込みますし、グチも言いたくなり、「私はなんて不幸なんだろう」と自信を無くすことも。

ですが、辛い状況で文句や悪口、グチを言ったりしていると疲れますし、つまらない。ピンチに立った時ほど、明るく仲良くやっていれば、周りのみんなが助けてくれます。好きでやっている仕事だから、辛い時こそ、笑顔で前向きな計画を立てるのです。人生は、最低の出来事の後に必ず最高の出来事が起こります。出来事には意味があります。

同じ時間を過ごすなら、笑顔でいたい。

今後は、全国で13店舗を展開するという野望を持っています。オーストラリアプリザーブドフラワーを柱に、何か1つをプラスアルファ、例えば和惣菜のカフェや託児付きなどを考え中です。また、シェフが常駐する、いつでも食事を出せるカフェにして、カフェとしての認知度も高めていくのも夢です。

これからも、どんな時も笑顔で、夢も野望も叶えながら、いつまでも若々しく、ポジティブに生きて行きたいと思います。

家族の危機に瀕して知った、心と心のつながり

株式会社ARINa　代表取締役
鈴木亜子

Profile

2003年に渡米、日本とアメリカを結ぶアパレル・ファッション会社をアメリカにて8 年近く経営。 2013年に日本に帰国し、2014 年株式会社 ARiNaを創業。2015年、女性版ダボス会議と呼ばれる世界女性リーダーズ会議「世界女性サミット(Global Summit of Women)」に推薦を受け参加した事がきっかけとなり (参加者は各国女性大統領 /女性首相/女性閣僚/各国女性CEO等) アパレル事業と共に、女性の為の生活文化がより一層充実するための企業 /社会作りにも尽力を注ぐ。

＊
＊
＊
＊
＊
＊

会社概要

社　名	株式会社　ARiNa
所在地	〒100-0006東京都千代田区 有楽町1-12-1新有楽町ビル11階
URL	http://arina.co.jp/
代表取締役	鈴木亜子
事業内容	・コンサルティング事業 ・女性起業支援 ・自社ブランド商品販売

明日、何が起こるかわからない――。家族の危機を2度経験して得たことは、多くの人との温かい心の交流。アメリカで7年、日本で3年。合計10年もの間やってこられたのは、多くの人に支えてもらえたおかげです。私はいつも人に助けられて生きてきました。今度は私がみなさんに恩返しをする番です。

「お小遣い稼ぎ」から会社設立へ

起業のきっかけは、アメリカ在住の時にやってきました。お小遣い稼ぎと思って始めたのは「オークション」。日本人が好きそうな物をアメリカで選んで購入し、日本のオークションに出品するのです。それが大当たり。初月の売上は20万円。2ヶ月目には売上が2倍に。次第にお客様から「どっちの色がいいですか？」など私個人への要望が増え、嬉しい悲鳴をあげることに。日本とアメリカには17時間の時差がありますので、アメリカで寝ている間に日本で商品が売れていきました。

実はアメリカは、買ったものでもタグを取らなければ返品できるのです。よって、在庫を抱えるリスクはゼロ。手間を惜しまず働けば、売上は伸びていく。この時私は、「自分が選んだもので人が喜んでくれるんだ」という喜びと、その人たちがさらに人を連れてきてくれるのだという、商売の基本を学びました。その頃、オークションとは別にホームページを作り、日本で人気になったアメリカのブランド品（そう高くはないエコバッグなど）を安く仕入れて販売もしていました。「こういうことを仕事にできるかもしれない」と感じたのはこの頃です。この経験は今もなお、経営の基本として頭の中に置いています。

その後、本来の目的であるお小遣いができたところで、ファイナンシャルプランナーの「税金対策の意味でも個人事業主に」というアドバイスを受け、個人事業主になりました。少しすると日本のセレクトショップから「大量に仕入れたい」という連絡がくるようになったため、アメリカ中の卸に電話をかけ、「これは仕入可能ですか？」などと交渉。その依頼に応えられるようにしていたところ、その後もセレクトショップからどんどんお問い合わせがくるようになり、気づけば個人に売るスタイルから、大量に仕入れた商品をショップに卸すスタイルに変化。その後「利益が出ているので会社にしなさい」ともアドバイスされ、そのまま会社を設立する流れになったのです。

アメリカから日本へ

7年間アメリカで仕事を続けましたが、プライベートでは子供2人が成人し、離婚したこともあり、私は日本に戻る決心をしました。うまくいった会社を売却することはアメリカではよくあることなので、会社は自分の右腕として働いてくれた人に任せ、売却して終わらせました。

帰国後は日本の文化を復習するためお勤めに出ることにしたところ、そこで素晴らしい出会いがあったのです。「会社をした方がいいんじゃない？」と後押しされ、「とにかく始めてみよう」と、

ベトナムの副大統領、
株式会社JOUJU河合光政会長と
2017年世界女性サミット東京大会にて

アパレル会社を設立しました。現在、会社は3期目を終えたところです。おかげさまで自社ブランドのアパレル事業の他、コンサルティングや女性起業家支援も行う会社になっています。

そんな後押しをしてくださったのは、会社設立1年目に出会った「歩く１００億円」と言われる吉川幸枝さん。彼女は私を株式会社ＪＯＵＪＵ河合光政会長と引き合わせてくださり、そのご縁で私は、女性版ダボス会議と呼ばれる「世界女性サミット(Global Summit of Women)」に参加する権利を得ました。その後もありがたいことに人とのご縁に恵まれ、内閣府男女共同参画局のシンポジウムなどにも関与。サミット参加がきっかけで、セミナー・講演・トークショーなど新しい分野の仕事をさせてもらうことにもなりました。モデ

モデルとして、雑誌やTVショッピングなどにも出演

ル事務所に所属し、モデルとしての活動もしています。モデル事務所から「ブログを書いて」と言われて書き始めたところ、おかげさまで現在はAmebaオフィシャルブロガーとして、日々ブログを書かせてもらえるようになりました。

凝縮された日本での3年間――。思い返せば、決して完璧ではない、たまたま社長の座にいる私、経理すらできない私をいつも助けてくれたのは、優秀なスタッフの他、仕事のご依頼をくださる方々、仲良くしてくださる著名な方々など、いつも「人」でした。それは仕事に限らず、プライベートでも実感したことです。何をおいても人が大切。周りにいてくださる人々は、私に多くのことを教えてくださるのです。

2度の困難を乗り越えて

仕事では困難だと思ったことはありません。たとえ困難だと思うことに遭遇しても、私はあえて「とにかく寝よう」「おいしいものを食べに行こう」など、ポジティブな行動を取ることにしています。よくよく考えていても現実は動きません。

そんな私ですが、今までの人生で「これは困難だった」と感じたことが一つだけあります。それは「家族の危機」。「ご家族は今晩が峠です……」という医師からの宣告を、2度も受けるという経験でした。

最初は当時の夫です。渡米前、彼は交通事故に遭って大怪我をし、生死をさまよいました。病院のベッドに横たわる夫は昏睡状態。その頃はまだ子供が小さかったため、親に預けて毎日病院に行きました。子供の前では絶対に泣かないと決めていたので笑顔でいましたが、夜は枕に顔を押し付けて泣きました。彼は10日程経ってやっと目を開け、奇跡的に回復に向かっていきました。

それから20年後、今度は息子が事故に遭いました。元夫と同様、生死をさまよう大怪我です。元夫の時は10日後目を開けましたが、息子は2ヶ月もの間、目が開かず……。映画やドラマでよくある、「あ！目が開いた」という昏睡状態の人が急に目を開けるシーンをご存知でしょうか？実際はあんな風に急に目を開けたりはしません。まず手が少し動いて、数日後にやっと目が開く。目が開いても急には話せない。目が開くと徐々に意識は戻りますが、それは事故当時の意識ではなく赤ちゃんの頃から順番に記憶が戻るのです。当然話すことはできません。一週間から10日もするとやっと、自分の名前が書けるようになっていきます。

息子は目を開けるまでの2ヶ月間、集中治療室（ICU）のベッドにいました。友人といっしょにバイクで出かけて息子は事故に遭いました。その友人が息子の病室での姿を見て、Facebookに事故と息子のことを書いてくれたのです。すると驚くべきことに、自宅の電話とICUの電話がじゃんじゃん鳴り出しました。事故当時の持ち物に大学の学生証があったため、大学からもお電話をいただきました。飛行機で6時間もかかる距離なのに、教授自ら病院まで足を運んでくださることもありました。

教授の他にも多くの大学関係の方がお見舞に来てくれました。卒業生や在学生も来てくれましたし、息子のハイスクール時代の友人や先生も来てくれました。とにかく毎日ICUには何十人もの人があふれていました。アメリカの病院は日本と違って誰でもICUに入ることができるのです。医師からは「本人は反応しなくても聞こえているかもしれないからどんどん話しかけて」と言われていたので、息子が聞いていた曲をかけてみんなで踊ったり、息子に話しかけたりしました。お見舞に来てくれた方々の写真を撮り、病室にどんどん貼っていきました。アメリカの病院は何を置こうが貼ろうが何も言われません。ベッドの横にテーブルを並べ、YouTubeを見ながら千羽鶴を折ってくれたりもしました。日本の友人も折ってくれて、最終的に千羽鶴は3,000羽にもなりました。

みんなの声が届いたのか、息子は事故から2ヶ月経って奇跡的に意識を取り戻しました。そこ

2017年世界女性サミット東京大会　赤坂迎賓館にて

からは車椅子の生活。気管切開をしていたので、自然にふさがるまで彼は話すことができず……。リハビリ期間は1年半にも及びましたが、おかげさまで息子は今、元気に働くことができています。それもこれもみな、あの時私たちを助けてくれた方々のおかげ。いつも私は、人に助けてもらっています。

起業で得られたこと

起業して良かったことは、「自分のプランニングができること」と、「達成感を味わえること」でしょうか。私にとって仕事は趣味のようなところがあり、休みがなくても夜遅くなっても苦にならずに働くことができます。自分の時間を有効に使えるところ、スタッフとともに行

セミナー講師として年間200近いセミナー、講演を請け負う

動した結果が全て会社の利益になること、その成果を数字で見ることができることも、達成感を味わえる良い点です。

さらに良かったと思うことがあります。それは「人との出会いで得られる学び」です。前述の女性サミットへの参加などは、人との出会いなくして実現は不可能。サミットでお会いする女性はみな元気で、意見を曲げることなくご自分をしっかり持たれている方が多いです。そんな方々と知り合うことができ、大きな学びをいただけることは、感謝以外のなにものでもありません。

起業を志す女性に向けて

これから起業をする女性にお伝えしたいことは、「まず、やってみようよ！」

ということです。「自信がないから」「失敗したくないから」と始める勇気が持てない人に、私は声を大にして言いたいです。「私でもできたんだよ」と。ただの主婦だった私でも、多くの人の力を借りて、起業することができたのです。

女性起業家の集まりに参加すると、もうちょっと収入が欲しいからと本業とは違うことを始める人を見かけます。結果、それをやることで本業の足をひっぱってしまい、「あなた、それもやってるの?」と見られてしまっている――。

それはとても残念なことだと思います。起業した時の気持ちを思い出してみてほしいのです。私の場合は、「自分が選んだもので人が喜んでくれるんだ」という嬉しい体験でした。その気持ちさえあれば苦しい時も踏ん張れます。成功している起業家の方々はみな華やかに見えますが、華やかな表舞台の影で、ほとんどの方は寝る間も惜しんで精一杯動かれています。始めてみて「どうしよう」と思っても、次の方法を考えれば大丈夫。むしろ起業の醍醐味はそこにあります。起業当時の情熱を持ち続ければ、本来は楽しんでできることなのです。

次は社会貢献のステージへ

ビジネスに関しては多方面からお話をいただき、多くの方々とのご縁も頂戴しています。そんな風に「ご縁をいただく」だけではなく、今後はその方々にお返しをして差し上げたという強い想いがあります。社会貢献もしたいです。それができるところにまで、早く到達したいと思っています。

息子が事故に遭った時のことを家族でよく話します。息子は、みんなが応援してくれたおかげで回復しました。その息子が今度は元気になって社会で働くこと、それがみんなへの何よりの恩返しだね、と話しています。アメリカ人には遠慮という概念がないので助け合いの精神でどんどん行動してくれ、私たちを元気付けてくれたことを思い出します。日本にいる方々も私たちを助けてくれました。あのことがなかったら私は、多くの人に助けられてはじめて自分が生きていけるのだということに、気づけなかったかもしれません。何か起きるたびに人が助けてくれる。あの経験は今も生きています。思い出す度、胸が熱くなります。

「Give and Take」という考えがありますが、人間は「信頼」でつながっていますよね。私はアメリカに13年住んでいたので、日本に帰国してからはほとんど知り合いがいませんでした。そんな私でもここまでやってこられたのは、多くの方とのご縁の賜物。仕事では優秀なスタッフに囲まれています。私は社長業を営んでいますが、自分にはできないことが山ほどあります。例えば、経理。全然わかりません（笑）。

それでも仕事では最速で結果を出したい。そのため私はいつも人を探しています。自分ができない分野のプロフェッショナルが見つかれば、倍の給料をお支払いしてでも、その方を我が社にお迎えします。仕事は結果が命。できないことは放置できない。ですが自分にできないことがあったとしても、多くの「できる人」が世の中には存在します。そういう人を探してご縁を授かり、仕事がうまくいった時には本当に嬉しいです。

人生、山あり、谷あり。いつも順風満帆ではないけれど、家族の危機に瀕して実感したことは、「助けてもらうのは当たり前ではなく、感謝するべき幸せなこと」だということ。みなさんへの恩返しの方法の一つは、自分がいつも元気でいること。いつだってポジティブでキラキラ輝き、お婆さんになっても素敵な女性でいたい、人生一生勉強する気持ちと向上心を持ち続けていきたい。私はいつもそう思っています。

「健康な長生き」は、今すぐ始めて手に入れられる！

株式会社アスト　代表取締役

左宕弥佳

Profile

東京都文京区在住。ＦＦＣ製品アドバイザー。1993年7月フィランソへ入会。シニアエグゼグティブとして活躍中。赤塚グループ銀座サテライトを活用し、いつも情熱的にパイロゲンを語る姿が多くの人を魅了している。パイロゲンの仲間をたくさん作り、健康に過ごし、病院や薬のお世話にならないことで日本の医療費を減らすことを目標にしている。

＊＊＊＊＊＊＊＊＊＊＊

会社概要

社　名　株式会社アスト
所在地　東京都文京区湯島2-1-2
　　　　ミカ・リアン御茶ノ水201
代表取締役　左宕弥佳
事業内容　FFC製品アドバイザー

「あなたは長くは生きられない」そう言われたとき、あなたはどうしますか？

「あなたは長くは生きられない」

私は3歳のときに医者からそう告げられました。戦後の日本の貧しさを広島の片田舎で経験し、あの恐ろしい原爆が投下されてまもなく、ラジオから玉音放送を聞いた頃のことです。食べ物は乏しく、当時は不治の病だった結核にもかかってしまい医者から「長くは生きられない」と告げられてしまったのです。特に朝起きるのが辛く、小学生の頃は毎日のように遅刻。朝のしんどさは今でも引きずっています。そんな私を不憫に思ったのか、母は勿論のこと、叔父叔母も毎月小包で様々な品を送ってくれ沢山の愛を受けて大きくなりました。

もし自分が元気な大人になることができたら、戦争で親を失い浮浪児となった子供たちの親の様な存在になりたいと願い『ガード下の靴磨き』や『岸壁の母』がラジオから流れてくるたびに自然と涙を流していた子供時代でした。

そんなに長くは生きられなかったはずの私も今年の7月に後期高齢者の75歳になりました。昨年、主人が残してくれた東京都湯島の4階建てのビルを耐震のために建て替えることを決意。店子の交渉や引越しなど、まさに怒涛の1年を過ごしましたが、今年の4月に5階建てのビルを完成させることができました。
75歳の私が女手一つで新築ビルを建てることができたのも、健康であったこととフィランソビジネス（㈱赤塚）を続けてこられたことに他なりません。

平凡な主婦が世界を救う水「FFC水」の普及活動を始める

「パイロゲン」とは、赤塚植物園が開発した世界にただ1つの技術「FFCテクノロジー」を応用したFFC製品の1つ。清涼飲料水として、世界的な食品品質審査会「モンドセレクションで」最高金賞を12年連続受賞しています。

5種類のお酢と各種ビタミンをバランスよくブレンドしていてジュース感覚で飲めるのが特徴です。合成酢、合成甘味料、合成着色料、合成保存料は一切含まれていないので、お子様からご年配までどなたでも安心して飲むことができ、そのおいしさと高い品質が世界に認められた清涼飲料水です。私の人生を変え今の充実した生活を与えてくれたのは、創業者の赤塚会長とパイロゲンです。当時、私は51歳でした。結婚してから夫に尽くし、義母に尽くし、2人の息子を育てていました。その上自宅に子供達を集めてラボチューター（英語の物語を通しての情操教育）の仕事をしながら、自分の人生を開花させる何かを模索していました。ですが義母の介護が始まるとそれもままならなくなってしまいました。

当時はまだ介護体制が整備されていない時代。さらに夫は仕事、2人の子供たちも学生でした

赤塚会長とのお写真はいつまでも大切な宝物です

から、家のことや義母の介護は私がするしかありません。それでも「このまま平凡な主婦として人生を終えるのは嫌だ」「人生凛として生きていきたい」と考えていました。
　そんなとき、私に最高の出会いが訪れました。知り合いを介して現㈱赤塚グループの赤塚光良会長と出会い、パイロゲンを初めとするＦＦＣテクノロジーを使ったＦＦＣ製品を多くの方に広めるフィランソビジネスを知ったのです。
　ＦＦＣ製品の品質の高さと赤塚会長の『ＦＦＣ水は世界を救える水。これを世界に広め日本が世界から尊敬される国になることが、私の願いです』という言葉が胸に刺さり、私も神様が創造された地球を救える、誇り高い仕事のお手伝いしたいと決めました。

スウェーデン大使館で味わった、夢のような4年間

26歳で結婚し、平凡な主婦として生きてきた私が、51歳という人生も折り返し地点に入ったタイミングで人生をシフトさせた背景には、あるスウェーデン大使ご夫妻に仕えた4年間の経験が大きく影響しています。

元在日スウェーデン大使夫人と共に

22歳のときでした。前年にクリスチャンとして洗礼を受けていた私は、聖書の言葉を〝光〟として、質素に生きることを胸に誓いました。そんな折、神父様からあるお仕事のご紹介を受けました。当時の在日スウェーデン大使夫人が、お話し相手になる日本人女性を探していたのです。大使夫人は日欧の習慣の違いか

ら体調を崩し、慶応大学病院に入院していました。病院の個室で大使夫人と面会をし、その場で意気投合。

以降４年間、私は夫人の身の回りのお世話をすることになったのです。大使ご夫妻の傍で過ごした４年間は、本当に夢のような日々でした。大きなお恵みをいただいたこと、深い愛情を注いでもらったことを、今も天に感謝する毎日です。

夏は軽井沢、冬は葉山の別荘に滞在し、朝永振一郎氏のノーベル賞の授賞式の準備もさせていただきました。佐藤首相や外務大臣など、当時の皇室関係の方々、政治家などのトップレベルの方々、作家、芸術家、歌手の方々に接する日々。書き始めるとキリがありませんが、本当のセレブの生活を経験させていただいた４年間は、私の人生のなかで殊更に輝いていた時期だったと思います。

セレブな生活の世界から、日本の下町の世界へ

ですが、そんな日々も４年間で終わりを迎えることになります。大使ご夫妻が次の赴任先であるポルトガルへ移ることになったのです。ありがたいことに「あなたも一緒に」と誘っていただきました。ですが当時のヨーロッパはまだ遠く、また母や叔父からも「分相応な生き方をしなさい」と諭されました。女性は年頃になったら結婚し、家庭に入って夫を支え、家を守るのが当時の日本の〝常識〟でした。本当は大使ご夫妻について行きたかったのですが、結局はサラリーマ

ンの主人とお見合い結婚をすることになりました。

結婚式は大使館で大使夫人がコーディネイトしたウェディングドレスを着て、大使の車で教会へ行き、披露宴では大使からのスピーチをいただきました。「私にもしも娘が授かったとしたら、それはミカさんだった」と。大使には息子さんがおいででしたが、もし自分に娘が生まれたとしたら、それが私だと仰ってくださったのです。私のことを「マイ・ジャパニーズ・ドーター（日本の我が娘）」とまで言って可愛がり、信頼してくださっていました。

大使夫人からは、これからは下町の平凡な妻として生きていく――そう私が大使夫人に話したときに「あなたには、もっと能力を花開く生き方をしてほしい。あなたにはその力がある」という言葉をいただきました。それがとても嬉しく、以降の人生で私の胸のなかで常に私を励まし続けてくれることになりました。

自分の能力を花咲かせるために、生活の中で試行錯誤

このような過去があったからでしょう、私は結婚して夫や義母の世話、子育てに勤しみながらも常に自分が輝ける場所、仕事を探し挑戦していました。ラボのチューターやネットワークビジネスの仕事もそうです。

チューターは5年間。自分の子供と一緒に他の子を見ることを条件に、義母から許可を得ました。英語と日本語のテープを聴きながら人体表現を指導。夏はキャンプに行って、子供たちのお

母さん役になる。通ってくる子の中には大学生たちもいて、全盛期は80人ほどの生徒を抱えていました。チューターを辞めた後は、生徒のお母さんからの誘いでネットワークビジネスの世界へ。主婦として家のことをしながらできる魅力的な仕事で、10年でリーダーにまでなりました。そんな妻として母として仕事をもつ人間として忙しい毎日を送っていた私でしたが、先ほどお話ししたように、51歳のときに義母が寝たきりになったことで当時やっていた仕事よりもさらに家の中でできるフィランソビジネスにシフトしたのです

おいしくて体にいい。パイロゲンで医者いらず

以来25年間、私はＦＦＣ製品に惚れ込み、これを広める仕事を行ってきました。こんなに長い期間、しかも75歳と言う年齢まで仕事ができ、さらにこれからも継続していけると確信できる理由は３つあります。

１つはＦＦＣ製品が確かな品質を持っていること。
人の体の60～70％ぐらいは水でできていると言われています。つまりそれだけ人間にとって水は大切なものだと言うことです。最近は健康志向が強く、オーガニック食品や多種多用なサプリメントなど、人間の健康を意識した製品が数多く出回っています。それらを摂取することは大切かもしれませんが、もっと大切なのが水です。身体の中の水がきれいでないと栄養素も活かされ

ません。そして、その水自体が身体に良い作用するのがパイロゲンなのです。

冒頭にもお話ししましたが私は3歳のときに医者から「長くは生きられない」と言われました。今、私は75歳です。しかも、毎日沢山のパイロゲンを飲み始めてからは一度も病気にかからず、健康そのもの。風邪一つひきませんから、病院に近づいたことすらありません。このまま健康に人生を全うしようと思っています。FFC製品には他にもスキンケア製品や活水器などがあります。

ですが私が特にパイロゲンをお勧めしているのは、味がおいしいからでした。どれだけ健康に良いと言われるものでもおいしくなければ続けるのは難しいもの。私も最初に勧められて試飲したときにおいしいと思えたから始められたのです。体に良くてしかもおいしい。そして、その良さは私自身の経験からも確かです。

志ひとつで始められる活動の魅力

2つ目の理由は、フィランソのビジネススタイルです。資本金は不要、在庫を抱える必要もありません。会社ではありませんから「何時に出勤しないといけない」とか「今月はこれだけのノルマをこなさなければいけない」ということもありません。自分の意思で空いている時間を使って仕事ができます。やることと言えば登録して自分が愛用愛飲者となるか、それに加えて仕事として取り組むか、になります。

発注もお客様がご自身で注文し会社側が発送してくれるので手間がいりません。強いてあげるとすれば、継続して気に入っていただくためのお客様へのフォローと新規開拓位でしょうか。女性進出が一般化し社会に出る女性は増えたかもしれませんが、それでもまだやむをえない事情で社会に出られずにいる女性は多いと思います。そんな時間や場所に縛られてしまう人たちであっても志ひとつで始められるのがフィランソビジネスの良いところでは無いでしょうか。

フィランソビジネスで社会貢献。たった一度の人生を価値あるものに

最後の理由はこの仕事が社会貢献になっていることです。

現在日本の医療費が42兆円。長生きが悪いわけではありませんが、長生きするなら健康であるべきです。このままいけば日本の医療費は大変なことになりますし、薬漬けの社会は自滅を招くと私は考えています。フィランソビジネスは日本の自滅を避ける方法になります。

飲んでいれば健康なまま長生きできるものですから。しかも自分が飲むだけでなく広めることでその人も健康に。もしその人がさらにたくさんの人に広めれば、健康な人がどんどん増えていくことになるのです。さらに言えば、愛飲者からのスタートもできるので仕事としてのリスクもなく、自分の心掛け次第で大きな輪を広げることもできて、それが日本の医療費を抑え、さらにいくつになっても女性が輝けるステージに上がることにつながるのです。

銀座サテライトでのミーティングに参加されたグループと

誰にでも始められるので失敗のリスクが極めて少ないのも魅力です。

また排水したFFC水が環境改善の一役を担っています。FFC水を使う家庭や企業が増えれば増えるほど、フィランソビジネスに携わる方が増えれば増えるほど、環境が良くなるのですから、まさに社会貢献なのではないでしょうか。今生の人生は言うまでもなく一度きりです。

あちらに行くときに「自分は生まれてきて幸せだった」と言える人生とは何でしょうか。それは自分の能力を花開かせ、たった一人からでも「あなたに出会えてよかった」と言っていただけることだと私は思います。

フィランソビジネスはそのような幸せをもたらす仕事なのです。

自分が健康であること。経済的に自立していること。そして、日々素晴らしい出会いがあること。私は今、この3つのお恵みを戴いております。人間が生きるということは、この地球の資源を使わせていただき、一生でお会いするすべての人に助けていただいていると言うことだと思います。そのご恩返しがフィランソビジネスだと思っています。

どんな環境におかれていても、100歳まで現役で取り組める素晴らしい仕事だと思っていますし、目指しております。

「人生終わりよければ全てよし」

すべての女性の笑顔につながれば、それ以上に嬉しいことはありません。

最後に長生きできないと言われていた私が、パイロゲンとその他のＦＦＣ製品と出会って長く健康に生きてこられたことと、これまでの出会いのすべてに感謝いたします。与えられた命に感謝の思いでいっぱいです。ありがとうございます。

「地域力＋付加価値」が、首都圏の子育て問題を解決する

プリメックスキッズ株式会社　代表取締役

小西由美枝

Profile

プリメックスキッズ株式会社代表取締役
特定非営利活動法人NPOクリエイティブクラブ代表理事
一般社団法人 こども財団 理事
一般社団法人 日本こども育成協議会 理事

長年関わった保育園の閉園を機に、事業部と社員を引き継いで独立、社会貢献企業として再出発を果たす。2011年に提案した事業計画が内閣府地域社会雇用創造事業の最優秀賞を受賞する。学童保育・ママの交流広場の運営、家庭的保育室の運営、子育てサポーター養成講座の開催等。子供アート・英会話教室も運営。現在、都内に1か所認定こども園、2か所の認可保育園、5か所の小規模保育園を運営する。

＊
＊
＊

会社概要

社　名　プリメックスキッズ株式会社
所在地　東京都大田区山王3-30-11
ＵＲＬ　http://primex-kids.co.jp/
代表取締役　小西由美枝
事業内容　・保育事業
　　　　　・教育事業
　　　　　・地域貢献事業

取引先の保育事業をきっかけに、専業主婦が子育て支援事業の世界へ

私が起業したのは50歳のとき。勤めていた不動産コンサルティング会社の新規事業として関わっていたものを引き継ぐ形で独立しました。

26歳で結婚した私は、勤めていた会社を辞めて専業主婦でした。その頃は寿退社の女性が多い時代でした。でも残念ながら、1年も経ったころには主婦として時間を持て余す日々を送ることになってしまいました。「又何か仕事をしたい」。やがてそんな想いが心を占めるようになり、派遣先の上司が独立した不動産コンサルティング会社に入社。最初は順調だったものの、間もなくバブル経済が弾けてしまい、会社から「これからはあなたも売上を作れる戦力として働いてください」と、新規事業を任されることになりました。

新規事業として私が関わることになったのは、取引先だった大手スポーツクラブが新しく始めた保育園事業でした。横浜市のスポーツクラブの隣の「認可外保育園」としてその保育園はスタート。私はコンサルティング会社の新規事業として「知育」を中

「子どもたちの創造の翼」を広げたい

心とした教育関係のスクール（英語やアートなどを、年齢が小さい子どもたちでも無理なく遊びながら学べるプログラム）を開発し、提供することにしたのです。その後、幼稚園など25か所にプログラムを提供できるようになりました。

突然の事業撤退、そして残りの人生を懸けた独立

そこから約15年間。事業としてはあまり儲かるものではありませんでした。子どもたちと接する日々はとにかく忙しかったのですが、スクールに通ってくれる子どもたちの成長を肌で感じられることや、子どもたちの笑顔を見ることは、疲れも吹っ飛ぶような感覚でした。ピュアな心を持った職員たちにも支えてもらい、私は忙しくも充実しながら働いていました。

そんなあるとき、行政による道路拡張工事の計画が持ち上がり、道路予定地上にあったスポーツクラブの保育園に立ち退きの指示が出たのです。スポーツクラブ側も保育事業からの撤退を決定し、園を閉めるとのこと。突然の事態に私は戸惑いました。

それほど儲かっていなかったとはいえ、三人の正社員を抱えていましたし、私にとってはその保育園での売上は全体の割合を大きく占めるものでした。これがなくなると一気に売上が減り、事業縮小を余儀なくされます。何より、子どもたちへの教育プログラムは15年前に自分が起ち上げた新しい事業でした。残りの人生を懸けて継続したい想いが強かったのです。

「この事業は私の子どものようなもの。大切に、立派に育てて、社会の役に立つものにしたい」

そう考えた私は、清水の舞台から飛び降りる気持ちで、２０１０年10月に勤めていた不動産会社から事業を引き継いで、プリメックスキッズ株式会社を起ち上げました。

地域と手を携えて実現する〝少子化に勝つ子育て支援〟

とはいえ、独立していきなり事業を軌道に乗せられたわけではありません。最初の2年は苦労ばかりでした。きちんとビジネスプランを考え直さないといけない。そのためにも、自分自身の考え方も改めなければいけない時期だったと思います。

勤めていたころの私は、忙しい日々に加え、子どもたちを育てることにエネルギーを傾けてはいたものの、地域にはあまり目を向けられていませんでした。もしも、もっと地域に密着し地元の方々とコミュニケーションを取っていれば、立ち退きが決まった際に地域の人たちと手を取り合い、子どもたちのための代案地を見つけられたかもしれません。

大切にしている職員たちへの研修

行政に対しても同じです。立ち退きが決まったとき、正直に言うと行政への不満があり、無念の気持ちが残りました。ですが、あのときに私が行政とも連携できていれば、立ち退きの際に話し合えたかもしれませんでした。加えて、NPO法人についてや、保育園の社会事業としての取り組みなども勉強しました。そして大手が保育園事業をするよりも、自分のような小さくても想いの強い人たちが地域の人たちと手を取り合って保育事業をしていくほうが、保育園事業には適しているのではないかと考えるようになりました。

収益の上がらない問題も同時に解決する必要がありました。そこはイベントや教育プログラムなどの付加価値をつけ、地域とコミュニティを作る。0歳〜小学校までの子育てをする過程が、安心して子どもを育てられる社会を目指そうと考えるようになりました。現在の少子高齢化は、今後ますます拡大していくでしょう。「そんなときに保育事業なんかしてどうするの？」という声はあるかもしれません。でも逆に、少子化だからこそ地域の方たちと手を携える必要がある。保育園に、これまで手薄だった「教育」「コミュニティ」を付加価値としてつけて、〝少子化に勝つ子育て支援〟をしたほうがいいのではないか、と考えたのです。

内閣府から最優秀賞を授与されたビジネスプラン

このような考えやビジネスプランを、独立を考えてからの間に構築していきました。さらに認可外保育園のお手伝いをしたり、地元の大田区で民間学童の「ママの交流広場＋英語学童」をオープンさせたりしながら売上と実績を作り、さらに起業塾へも通いながら、ビジネスプランを構築していったのです。そしてそんな苦労が、ようやく報われるときが来ました。2011年に、私の考えたビジネスプランが、幸運にも「内閣府地域社会雇用創造事業」の最優秀賞を受賞したのです。さらに大学の先生や起業家の先輩などとも多く出会い、その方々からアドバイスや応援をもらえ、それが現在に続くための礎となりました。

そして独立から2年が経った2012年9月。品川区で事業型保育ママという新しい事業でチャレンジさせてもらえることに。プリメックスキッズの初めての保育園となる、品川区家庭的保育事業「はぐはぐキッズ荏原町」をスタートさせることができました。これが、私にとってのブレイクスルーになりました。

プリメックスキッズの理念を実現する3つの事業

ブレイクするまでの2年間の苦労があったからでしょうか。そこからの5年間は比較的順調に事業を拡大することができました。2014年までの間に、台東区浅草橋、品川区西大井、大田区洗足池、台東区浅草橋annexと次々に小規模保育園をオープン。2015年には法改正で5つの園が「小規模保育事業A型」に認可され、事業としての基盤がよりしっかりとしたものになりました。

さらに2016年には、台東区に認定こども園「はぐはぐキッズこども園東上野」をオープン。プリメックスキッズにとって初めて、0～5歳までの子どもたちを受け入れられる施設ができました。人数も、それまでの小規模よりも多い60名以上の受け入れが可能で、保育と教育を融合させたプログラムを教えるようになりました。独立して6年で、ようやく自分のやりたかったことができるようになったのです。2017年にはさらに2つの認可保育園を大田区にオープン。トータル8園を運営できるようになっていました。

プリメックスキッズには「首都圏の子育て家庭が安心して子どもを育てられる社会を目指します」という理念があります。その理念をもとに3つの事業があり、それぞれ「保育事業」「教育事業」「地域貢献事業」としています。保育事業では、保育園「はぐはぐキッズ」で0〜5歳の子どもたちに家庭的で暖かな保育を提供し、ママと子どもがキラキラと輝く子育て支援をしています。首都圏の待機児童問題解消ために、ママを支援するだけでなく、3歳以降の子どもたちには無償で英語教育プログラムを施しています。教育事業では、保育園・幼稚園・スポーツクラブに教育関係（主に英語の先生やアートの先生）を派遣して授業を行ったり、場所を借りての英語教室を、首都圏25か所の拠点・約300人の子どもたちに向けて開いています。さらに独立当初から始めていた民間の学童保育も継続しています。

地域貢献事業では、保育園や学童などのプリメックスキッズの拠点を使った活動を無償で行っています。母子のサークル活動や絵本の読み聞かせ、英語教室や英語で遊ぶプログラム、食育活動など。さらにマンションのコミュニティスペースを使って、マンションに住んでいるかた向けに子育て関連のイベントを請け負ったり、おもちゃや絵本の交換会を催したりもしています。

理念を実現してくれる仲間と共に、〝子どもたちの創造の翼〟を広げたい

駆け足でお伝えしてきましたが、独立から7年間で職員も100名ほどになり、地域の人たちや行政とも一緒に、地域の子どもや家庭の子育て支援をしています。ようやく私が最初に掲げた理念を一緒に実現する方々が集まってきていると思っています。

私にとって事業も大切ですが、その道を一緒に歩んでくれる仲間たちもそれ以上に大事です。事業だけではなく職員たちもまた、私の子どものように感じています。職員にはやり甲斐と安心を持って仕事をし、幸せになってもらいたい。職員たちもまた、「社会」の一部ですから。彼女たちが幸せに仕事をしていれば、それが子どもたちにも伝わります。

だから人は大切にしないといけません。月に一回以上は園に行って、ミーティングをして全員に声をかけます。職員研修のあとは懇親会をしてコミュニケーションを取って、困っていることや悩んでいることを聞き、壁にぶち当たっているようなら、きちんと解決できるように私なりに尽力します。他にも、私の自宅に呼んで一緒に食事をしたり、夏はBBQ、本部の空きスペースを使って冬はお鍋やパーティを楽しんだり。「代表者がそういうことをやっている園は珍しいですね」と言われますが、私にとって職員は家族のようなものでもあり、そして一緒に理念を実現するための仲間でもあるのです。

私には、まだこの先にやりたいことがあります。首都圏の子育てについての問題は、社会的な

課題です。待機児童問題、教育格差、地域の子育て支援、虐待等……様々な課題を解決していきたいのです。そのためにこの会社を作りました。まずは最も深刻だった待機児童問題を解決するために、保育園の拡大を進めてきました。教育プログラムには、一人ひとり違う子どもたちの特性に目を向けた独自の教育カリキュラムで「知る喜び」や「考える楽しさ」を養いながら、英語への下地を身につけ、世界に羽ばたける素地を持った子どもを育成し、それによって教育格差を少しでも減らしたい想いがあります。

そうやって〝子どもたちの創造の翼〟を育てたいのが私の想いです。ただ、私一人では限界があります。だから職員や地域の人々、行政の方々という仲間が必要なのです。一緒に理念を実現してくれるそんな仲間は、やはり大切な存在です。

しなやかに、したたかに、女性は人生をドライブしよう

女性は、結婚・出産・育児・介護という様々な人生のステージがありますから、その都度、仕事を続けながら悩んでしまうことも多いでしょう。でも実は、起業は女性のライフスタイルに合っているとも思うのです。女性は多様な生き物です。ライフスタイルだけでなく、男性よりも様々なことを同時並行で処理する能力が高いですし、さらには社会に接しているところが男性より多いので、社会の困り事や課題を女性のほうが良く知っていたりもします。さらに変化にも強い。多様で変化にも強いからこそ、それに合わせた自分なりの事業を考えられる可能性の幅が広いの

です。できればこれを読んでいる女性の方々には、自分が身近に感じた「こんなことに困っているな」「こんなものがあればいいのに」というものをアイデアに、しなやかに、したたかに起業し、自分の人生の岐路ごとにライフスタイルに合わせて、人生をドライブする感覚を身につけていただきたいです。

「自分自身が社会で困っている課題」を糸口にスタートアップし、様々なことにチャレンジし、理想を実現する。もしもダメだったら、また次を考えればいい。起業はそれの繰り返しです。小さくスタートして、行けると思えば広げていく。悩み事があるなら、誰かに相談すればいい。そうやって自分の人生をコントロールする感覚を持ち、キラキラと輝く自分を周囲に見せていると、他の女性たちにいい影響を与え、彼女たちの勇気になるのではないでしょうか。

私も専業主婦からスタートしました。苦しいことも数多くありましたが、何とかここまで来られました。あなたにも、ぜひ羽ばたいていただくことを願っています。

英語学童のレッスンは楽しく学べるものです。

東南アジアとの懸け橋で社会貢献を

株式会社エーフォース 代表取締役／一般社団法人 日本美健輸出協会 代表理事

齋藤真理子

Profile

熊本出身。１８歳と１３歳の２児の母。京都メーカーで新入社員として入社後３年目に海外転勤。１１年シンガポール、３年タイに在住後、帰国して日本社会に慣れるための修業の後、起業。

海外ではメーカー、専門商社、人材育成会社で勤務、帰国後は人材育成会社をサラリーマンとして子育てしながら経験した後、4年前に人材育成・紹介・広告制作会社の会社を起業。今その会社は、時代の流れで広告制作がメインの業務となる。

2017年、より自分の経験を活かすべく、日本の良い美容や健康商材を海外に広める協会を立ち上げる。

＊

＊

会社概要

社　名　株式会社エーフォース
所在地　東京都渋谷区渋谷３−１−９　6F
ＵＲＬ　http://aforce.co.jp
代表取締役　齋藤真理子
事業内容　動画制作/WEB制作/WEBマーケティング/人材紹介など

社　名　一般社団法人　日本美健輸出協会
所在地　東京都港区南青山2−27−20　8F
ＵＲＬ　http://jhbea.org
代表取締役　齋藤真理子
事業内容　海外輸出支援

２０１３年、「株式会社エイト」を当時勤めていた人材育成会社を辞めて設立しました。当時の業務内容は人材育成と人材紹介業、広告制作です。人材紹介の仕事をするためには有料職業紹介としての免許が必要なので、免許を取得しました。

人材育成はグローバルに活躍できる人材の教育を目指しましたが、この仕事は結果がすぐ出るものではなく、長期スパンが必要になります。また、グローバルな人材を必要とするのは大手企業なのでなかなか採用して頂くには時間がかかり、中小企業のニーズも少ない。一方、広告制作の業務はすぐ結果が目に見え、良いものを制作して提供していれば採用に直ぐ繋がるということで柔軟に舵を切り、こちらに力を入れることになりました。広告制作においても、ニーズに応えてＷＥＢ、動画、マーケティングなどＰＤＣＡで提案出来るようになり、今年になって広告代理店の業務にも進出しています。

今年２０１７年、業容が拡大し、取引先も主だった中小企業に加え、大手企業のお客様にまで広がってきました。そこで社名を「株式会社エイト」から頂点を目指す意味合いを込めて「株式会社エーフォース」に変更し、国際広告ＰＲ企業として再スタートを切りました。

同業他社との差異化、アドヴァンテージを求めて

弊社の強みは、北米、中国、東南アジアの国々に向けての広告です。私自身が長く東南アジアにいたことや、社員に外国人（英語のネイティブ・スピーカー、東南アジアの人）もいますので、

必然的に目指す方向が決まりました。現在はまだ、国内向けの広告が8割ですが、海外向け広告のニーズが増えていますから、今後ますます海外向けが拡大していくと考えています。

海外向けの広告作成にあたっては、国内向けと同じ意識で作っても効果はありません。現地に訴求力のある表現方法をよく見極め作成しなければなりません。私たちは「チューニング」という言葉をつかっているのですが、相手国の現状に合わせるようチューニングすることが大事です。

そして、それぞれの国の国民性、商習慣、宗教、市場や競合など、各国の状況をもとに企画を立案し、いかにチューニングするかを提案します。これが同業他社との差異化になります。

また、翻訳についても弊社には強みがあります。まず翻訳の段階にはレベルがあり、1段階は翻訳原稿の叩き台を作製、2~3段階は普通の翻訳、4~5段階でいかに現地化していくかを考え翻訳にプラスしてチューニングを効果的に取り入れます。6の段階は、トップレベルの翻訳で、1~6までの段階をすべて加味して、さらに訴求力の強いものに仕上げていきます。

というのも、海外の企業は結果重視型で、名声・形にとらわれず、あくまでも「自社に何を提供してくれるか？　どのようなソリューションを与えてくれるか？」を求められます。したがって、翻訳だけなら翻訳会社に頼めばいいのですが、それでは付加価値をつけることはできません。

このように流れの元から変える考え方を提示すると、お客様には「なるほど」と納得していただけます。すなわちグローバルなリソース（人、モノ、ツールなど）と最先端の技術、マーケ・デザイン領域の知見をボーダーレスに駆使し、企業とステークホルダー間のコミュニケーションをはかり、それぞれの課題に対して戦略的かつ独創的に取り組み、企業価値を最大に高めるソリューションを提供することができます。

社のバックグラウンドの由来

弊社が海外、特に東南アジアに強いバックグラウンドを持つことができたのは、私の経歴に由来するところが大です。私は大学在籍中に交換留学生として約1年アメリカの大学に通い、英語の力を身に付けました。卒業後は、京都に本社のあるメーカーに就職し、輸出部に配属され、東南アジア担当として業務を積極的にこなし、入社2年目で部下を持ちました。その後、会社がシンガポール支店を立ち上げることになり、当時の上司からお声掛けを頂きシンガポール勤務になりました。

シンガポールではまず海外支店を立ち上げるために奮闘し、特に現地社員の育成には試行錯誤しました。3年間立ち上げに尽力した後、本来なら帰国すべきところ、当時現地で拡大していた専門商社にお声がけを頂き、その会社でシンガポールを拠点にインドネシア、マレーシア、タイへの出張も多くこなしました。最後は、タイのバンコクへ移り住みました。したがってシンガポール11年、バンコクで3年、合計14年間東南アジアで住んだことになります。その間に結婚し、子育てと仕事の両立をしながら、子どもと同じ幼児を集め、親子で楽しめる幼児教育のク

創業当時、人材紹介・人材育成を行っていた頃

ラスも運営していました。また、クリスチャン・ディオールやルイヴィトンの社員のマナー研修や日本語教育もしていました。

文化の違いを思い知らされたこともありました。日本国内では何も言わなくても、暗黙の了解、阿吽の呼吸で分かりあえますが、海外では、すべて言葉で言うこと、紙に書いて文章で明確化すること、そして交渉で成り立っています。言葉にして、文章にして、しっかり伝えて交渉をしなければ何事も先に進めない、結果が出ないことも学びました。

組織の中では、できることは限られる

東南アジア在住14年の後、主人の帰任で日本に帰って来ました。当時二人の子どもを抱えていたので、しばらくは在宅で、次いで人材育成の会社で働きました。人材育成会社ではグローバル人材の育成の企画・立案をしていました。ここで日本のサラリーマンとしての修行をしました。特に日本における独特な人間関係や組織、社内の立ち回りなどは長く日本に居なかった私には大変勉強になりました。サラリーマンであることの良さは、お互いに助け合いながら仕事をこなせることだと思います。子育て中の私には、この時期は有難かったのです。

しかし、組織の中のサラリーマンでいるかぎり、また人材育成の仕事の範囲では自分のできることが限られてしまい「もっともっと手伝いたい」「自分だったらこうするのに」…と、自分としては思うような仕事がなかなかできないという思いがあり、独立の準備をしていました。

すると、人材育成会社がM＆Aで大きな会社と合併することになり、子どももちょうど自立しつつあったので、タイミング的にも今だと思い、㈱エイトを起業することにしました。

私の強みである東南アジアの知見を活用して、海外へ進出する企業を支援したいとの思いがふくらんできました。「日本でやっていることと同じやり方をしていても、文化の違う現地ではそれは通用しない。まずは現地の状況をよく把握することだ」つまり、「郷に入っては郷に従え」ということを伝えたかったからです。

ただ会社が儲けるのではなく、人の役に立って自分の価値を見出したいと思う気持ちが強く、日本に帰ってからずっと企業・人材のグローバル化に貢献したいという願望が心の中にありました。こうして起業した広告制作会社は、お客様のニーズに応えていくうちに、国際広告PR企業への道へと進んできています。

企業経営は意志をもって

起業して1年目は新規の顧客を増やすことに専心。2年目は1年目の実績をもとに広げて行く、3年目ナショナルクライアントを増やすこと、プラス、守備範囲を広げることを目指してきました。

私は、ゼロから有を生み出すことが大好きで、常に先に何をするかを考えています。自分が何をしたいのか、会社をどうしたいのか、そのためにはどうすればいいか。ここから自ずと行動も決まってきます。人生も同じくそれぞれのライフステージで、先を見据えることが大事だと思います。30代、40代、50代ですべきこと、目指すことは違うと思います。目の前の事を粛々とやりながら3年、5年、10年、先を見据えた行動が大事だと思っています。そして何事も意志を持って行うことが大切です。考えを持って行動しなければ何も変わりません。特につらい時、上手くいかない時も沢山ありますが、どんな時でも意志を持って取り組めばいつか必ず道は開けます。

〝There is a will, there is a way〟

これは私の大好きな言葉です。自分の考えを持つことが大事であるということは、交換留学でアメリカへ行った経験が大きいと思います。アメリカでは自分の意見をもっていなければ相手にされません。

自然体で無理をせず、その時々のニーズとタイミングに合わせて歩んできました。その結果、やはり起業してよかったと思います。何事もやってみなければわからない、中小企業の苦労、経営の苦労がわかったことは有意義なことです。いろいろな人の立場がわかり、お客様の役に立てることは喜びです。

深センの展示会

これからの女性たちへ

仕事を持つ女性たちへ私からアドバイスをするとすれば、次のようなことです。

自分で抱え込まないでもっと人に任せる、協業パートナーを探す。「餅は餅屋」を実践すれば、女性たちのパフォーマンスはもっと上がると思います。

「耐える」ことが美徳のように言われています。耐えることも大事ですが、耐えることから抜け出すイメージを持たないでただ耐えるだけでは、なんらプラスにはなりません。また自分で全てをこなすのでなく、出来る人にお願いすることは大事なことです。

困難にぶつかったときは、もう抜け出せないかと絶望的になるかもしれませんが、出口のないトンネルはない、ということです。抜け出すことをイメージして耐えていれば、トンネルを出たときは、大きな一歩を踏み出すことができるのです。

新たにもう一つ、会社を立ち上げる

人の役に立てる場所に行きたいとの思いはずっと持ち続けています。今年2017年3月に深センへ行き、日中経済文化交流促進会とのパイプを作り、5月に「一般社団法人　日本美健輸出協会」を立ち上げました。日本美健輸出協会は、日本の健康・美容関連の、おもに次のような企業様を東南アジアへ紹介・橋渡しをしています。
＊今後、海外への商品展開を考えている。
＊すでに販路はあるが、新たなルート、市場を探している。
＊すでにある販路がなかなか上手くいっていない。
＊現状の輸出業務を、今後削減、効率化したい。
＊同業者の方と連携・情報交換したい。
紹介・橋渡しをする際の支援内容は次のとおりです。
① 輸出について最新の情報を提供し、企業のグローバル展開を支援します。
② 現地企業とのマッチングを提案します。
③ 海外現地の視察を希望する企業の視察をサポートします。
④ セミナーや勉強会を開催し、現状認識を深めていただきます。
⑤ 会員相互の交流を支援します。

さっそく中国・深セン市へ

日本美健輸出協会設立後、９月に「深セン国際生物・生命健康産業展覧会」へ参加しました。その展示会では、現地の提携先と共に出展し、「日本美容健康協会」として化粧品や健康食品などを展示、販売し、現地のニーズも見出すことが出来ました。

また、「深セン市中日経済文化交流促進会」、「深セン市健康産業発展促進会」との連携のもと、日中交流の基本理念をふまえて行われた交流会のセミナーで、私が講演をいたしました。

この展示会で、多くの中国の会社・関係者とつながりがつくれ、日本の会社を十分に紹介することができ、有意義な展示会になりました。さらに、11月には日本のメーカーと現地企業のマッチングも行います。日本の素晴らしい商品を海外の方へ紹介し、現地企業も良い商品が手に入る。お互いの企業がWin-Winとなるお手伝いが出来ることは、私としては大変嬉しい限りです。

深センの展示会にて講演

東南アジアはどこも経済が目覚ましく成長しています。日本の高度成長期がそうであったように、東南アジアや中国でもこれから女性たちの美容・健康への関心が益々高くなっていきます。まさに「これから」です。海外に行くと有難い事に、日本人であるだけで信頼され、また日本には多くの質の高い商品が全国にあります。

ゆくゆくは、あらゆる日本の良いものを色んな海外へ紹介していきたいと思っています。確かな意思を持って社会、企業、人の役に立てることを考えていると、仕事は必然的に舞い込んできます。無理なく自然で柔軟に、役にたてる事を考えながら前進していると何が起こるかわからない人生は楽しいと思っています。

女子大生が起業！10年先にひらけた景色

株式会社アゲハ　代表取締役　**木下優子**

Profile

2008年、慶應義塾大学総合政策学部卒業。2010年、同大学大学院 政策・メディア研究科修士課程終了。大学時代に「ユーザーの声から商品企画」などネット時代の新しいマーケティング論を構想し、研究の延長で2008年4月、株式会社アゲハを設立。大学発ベンチャーとして、現在10年目を迎える。ソーシャルメディアを活用したマーケティング支援事業を通じて、「愛されマーケティング」を提案。「キャンパスベンチャーグランプリ」全国大会大賞・経済産業大臣賞など、若手起業家として10のアワードを受賞。「日経WOMANウーマン・オブ・ザ・イヤー 2012」若手リーダー部門に選出される。

*
*
*
*

会社概要

社　名　株式会社アゲハ
所在地　東京都新宿区西新宿1-20-3
西新宿高木ビル7階
URL　http://www.ageha-inc.jp
代表取締役　木下優子
事業内容　ソーシャルメディアを活用したマーケティング支援（戦略立案コンサルティング、自社メディアプロデュース、SNS運用代行、SNSキャンペーン支援等）、商品企画支援

「高校中退の家出少女」が、「女子大生起業家」へ

「何のために生まれ、どこへ向かって生きれば良いのか」

生き方について最も真剣に悩んだのは、高校2年生の時でした。勉強の内容と自分の世界が結びつかず、受験勉強がつまらない。成績も落ちこぼれてしまいました。

「何のために大学に行くのか」周囲に尋ねると、「良い大学に行けば、大企業に就職できて、安定した収入のある人と結婚できる、そうすれば幸せになれる」と言われているように感じました。

「そんなレールから飛び出して、自分の生き方を開拓しよう！」

若い私はそう意気込んで、3年生の夏に高校を自主退学。「大学には行かない」と言って父と対立し、家出をしたり。両親には本当に心配をかけてしまいました。

同級生が必死で受験勉強をしている時、私は自分探しに必死でした。「ファッションで人を元気にしたい」と渋谷109で最年少ショップ店員をしてみたり。いろいろやってみましたが、自分のことも社会のこともよく分かっていなかった17歳。自分の道を見出せない日々が続きました。

そんな時、慶大生のお姉さん友達から「SFC（慶應大学 湘南藤沢キャンパス）が合っているんじゃない？」とのアドバイスが。調べてみて驚きました。高校教育に対する漠然とした違和感が、公的に文章化されていたのです。SFCのコンセプトは「問題発見・問題解決」。「学問のための学問」ではなく、自分の問題意識に沿って学問を統合し、実践すること。「ここなら自分

の道が拓けるかも」その時すでに11月でしたが、塾の恩師に恵まれ、猛勉強した結果、「ビリギャル」のごとく、翌年に入学することができました。

大学では、水を得た魚のように研究にのめり込みました。世界観をつくっていくような研究はとても楽しかったのです。図書室で本を読み漁り、遅くまで友達と議論を交わし、面白いアイデアが浮かんだらビジネスプランコンテストや懸賞論文に応募。野村総研の懸賞論文で、ユーザーの声をネット上で集い商品開発に活かすマーケティングの仕組みについて書いてみると、池上彰さん特別賞を頂きました。それをビジネスプランにまとめると、尊敬する教授に「これいけるよ、やらないの？」と褒められました。「研究は実践のため」とSFCの理念に深く共鳴していた私は、起業を決意しました。

社名「アゲハ」は、バタフライ・エフェクトという言葉から。蝶の羽ばたきのような、わずかな変化が連鎖して地球の裏側で大きな嵐を起こすように、ユーザーの声という、軽視されがちな小さな声でもきちんと拾っていくと大きなムーブメントを起こせる。「顧客の声を、企業の力に変える」マーケティングの仕組みを提案したい。そんな想いで名付けました。

最初の挑戦「女子大生の声からヒット商品をつくる！」

「新しいマーケティングの仕組みを提案するために、まずは自分で実績をつくろう」そう考えた私は、ネット上で女子大生の声を集めてバッグを作るプロジェクトを始動。しかし商品企画はできても、実際に売れる仕組みができるのに約2年かかりました。

商品を作るにも仕様書すら書いたことがない、生地や金属パーツをどう調達するか、少ない生産数でどう原価を抑えるか、品質チェックや在庫管理をどうするか、ECサイト構築にSEO対策…と、自分に足りないノウハウが山積みでした。

販路開拓でも苦戦しました。何のツテもない中、大学の仲間と突然売り場に行って「ここに置いたら売れると思うんですけど、本社のどなたに聞けば良いですか？」という飛び込み営業スタイル。半年間は、追い出され続けましたが、めげずに誠意と熱意を見せ続けることで、「2週間だけの委託なら」などとチャンスをくれる人が現れ始めました。女子大生の声から生まれたストーリーを商品ブースに設置するとよく売れたので、徐々に販路が拡がりました。テレビや雑誌でも特集して頂き、やっと「ユーザーの声からヒット商品をつくる」実績ができました。

青山オフィス開設パーティ！
創業メンバーと大学の仲間達

その2年間に、新しいマーケティングの仕組みどころか、単に「モノを作って売る」だけでもどれだけ大変かを思い知らされました。ただ、泥臭い努力で道を切り拓く起業家精神がビジネスプランコンテストなどで評価され、10のアワードを頂くことができました。2社から出資を受け、メディアとのつながりや信用もある程度得ることができました。そして、その実績を持ってFacebookなどのSNSを活用した企業向けのマーケティング支援事業をスタートさせたのです。

「3年目の壁」をどう乗り越えるか

よく「3年目の壁」と言われるように、多くのベンチャーが3年で消えます。3年以内に軌道に乗せないと資金が潰えるからだと言われますが、本当に潰えるのは、創業者のエネルギーではないでしょうか。創業時は「創業ハイ」でエネルギーが溢れていますが、3年経って成功が見えないとだんだん疲れてくるのです。他のメンバーも不安を感じ始めます。更に資金が底をつけば、本当にやりたいこと以外に、日銭を稼ぐための受託業務の営業を余儀なくされることもあります。

私が最も辛かったのも、そんな時期でした。マーケティング支援事業は伸びていましたが、手がけた自社サービスがうまくいかず、資金繰りは苦しい状況。「会社の預金残高が5千円」という大ピンチに陥ったこともありました。このままでは給料も払えない。何の解決策も浮かばず「皆に何て言おう?」と考えていると、お腹が痛くなったり。休みもろくに取れていない中、駅で同世代の女子がはしゃいでいる姿を見て、悔し涙が出ることもありました。

資金難と疲労感に襲われ、希望が見えない時、起業家はどう乗り越えたら良いのでしょう?

一つには、「ピンチはチャンス」と捉えること。新しい仕組みを作ろうとしたら、一筋縄にはいかないのが当たり前。まぐれ続きでうまくいってしまったら、逆に後が怖いです。ピンチを乗り越えると、本物の力がつきます。それはもし会社がなくなっても残る、目に見えない財産です。試練を拒絶していると苦しいばかりですが、そこから何を学べるか、気づけるか、という発想に切り替えれば、ずっと楽になり試練を活かすことができます。また、「気負いすぎない」ことも大事だと思います。無力感・無価値感に苛まれる日があるかもしれませんが、社会的成功＝自分の価値ではありません。絶望感に襲われる日があるかもしれませんが、会社が潰れても別に死ぬ訳じゃない。プライドから、あるいは人を繋ぎ止める必要性から、自分を大きく見せようと背伸びをしてしまいがちですが、等身大の自分を見せることで本当の仲間の存在に気づいたり、絆が深まることもあります。

そうしたことに気づくまで、私はいつもピリピリしていて、十分に思いやりを向けられなかった創業メンバーや協力者に申し訳なかったと反省しています。

「妊娠・出産」をどう乗り越えるか

女性起業家にとって、妊娠・出産・育児・介護などと仕事との両立は、一大テーマだと思います。私の場合も、6年目の半ばで妊娠が分かった時、正直焦りました。もちろん、新しい命が宿ったことは理屈抜きで嬉しいことでした。でも同時に、しばらく仕事でアクセルを踏めない悔しさと不安、関係者の方々への申し訳なさに襲われました。つわりの症状も重く、ずっと体調が悪かったです。つい「男はズルイ」という気持ちに囚われました。「男女平等」と言えども、妊娠・出産・授乳期の身体的負担は全く平等ではありません。

そんな時、マタニティ・ヨーガ教室で良い先生と巡り合い、ヨーガ哲学に触れました。

「コントロールできることとできないことを区別し、できないことへの執着を手放す」変えられないことを変えようともがいても苦しいだけで、無意味です。コントロールできるのは、自分のことだけ。「今の自分にできることを100%やりきる」ことに集中したら良い。ある道が閉ざされたら、別の道が拓けるということ。どちらが良かったかなんて、後になってみないと分かりません。思い通りに物事を進めようとこだわることが良いことだと思っていましたが、そのせいで肩に力を入れ過ぎていたことに気づきました。力んでいた時には見えていなかった周りの人の気持ちも見えてきて、人間関係も良くなりました。結果的に、その方が成功しやすいと思います。

「与えられた場所で咲きなさい」と先生に言われたこともありました。たとえ雨の日が続いても、その間に根を張り巡らせておけば、将来もっと大きな花を咲かすことができます。私は、妊娠・出産期を、力を蓄える時期と捉え直し、仕事の仕方を見直しました。

すると、「仕事時間が限られる」ことは、逆に生産性の向上に繋がりました。時間が足りないからと時間を延ばすといつまでも仕事が終わりませんが、2時間かかることを1時間でやるように課してみると、新しいやり方を工夫できます。仕事時間を決め、仕事は家に持ち帰らない。働き方と考え方を変えたことで心身の負荷が減り、「リラックスした集中状態」に入れるので企画力も高まりました。

また、「優秀な女性が長く働きやすい組織をつくろう」と、会社全体での働き方も見直しました。仕事はプロジェクト制にして、興味関心と仕事内容をマッチさせ、女性として、主婦として、母としての視点も、活かせるようにしました。例えば、弊社は旭化成ホームプロダクツ様の「裏

恩師のヨーガ教室にて、娘とヨーガ

ワザレシピ」というレシピサイトの運用に携わらせて頂いていますが、自宅で作ってからレシピ原稿を書くなど「ユーザー目線に徹した運用」が強みになっています。プロジェクト数の調整で仕事量も調整しやすくしました。また、出社義務もなくしました。「コミュニケーション時間」と「集中作業時間」を明確に分けて、集中作業はどこでやってもOKとし、生産性を高める遠隔ワークのルールを作りました。

実際、こうした条件で求人を出すと応募が殺到します。世間では、まだまだ「やり甲斐のある仕事をしたいなら、生活を犠牲にせざるを得ない」、「家族の生活を大切にしたいなら、やり甲斐を諦めざるを得ない」という、二極の選択肢の間で悩んでいる優秀な女性が多いと実感しています。

私が理想とする強いチームとは、①一人一人が、生活の視点、興味関心を仕事に活かせる。②プロ意識を持って自己成長努力ができる。③互いに信頼関係で結ばれている。④「貢献感」を原動力として働くチームです。妊娠・出産を機に、自分なりの経営スタイルを確立し、こうした重要な問題に向き合えたことは、この先大きな力になると考えています。女性が生活の問題に直面する時は、生産性を高めたり、大切なことに気づく絶好のチャンスなのかもしれません。

10年熟成した「愛されマーケティング」理論

再びアクセルを踏み始めた今、SNSを使って消費者と企業の絆を築く「愛されマーケティング」理論を提案していきたいと考えています。私はよく、こんな質問をしています。「自分の人生を豊かにしてくれたブランド、ベスト5は何ですか？」もし顧客の多くが、自社をそのように捉えてくれるなら、将来は安泰です。しかし、もし「別にどこのだって構わない」と思われていたら、競合商品や不祥事などの逆境に見舞われた時、売上が激減するかもしれません。

SNSの普及で組織は透明化されました。「不当に扱われた」と感じるユーザーは、直接クレーム電話を入れるより、SNSでその体験をシェアすることの方が多いでしょう。これは重大な負債です。SNSマーケティングを考えることは、ユーザーの体験を真剣に考えることに繋がります。ノイズになるような広告で目先の売上を上げても、ネガティブ体験を増やしていたら、中長期的に見てその価値はマイナスです。

最高の消費体験ができるようユーザーを支援し、良い口コミを増やす。そうして生涯愛用し続け、周囲におすすめしてくれる「本当のファン」を増やす。それがSNSマーケティングの本質的な目的です。理想論ではなく、利益を最大化する戦略論として、長年かけて理論化してきました。

大勢の「顔なし顧客」への情報発信ではなく、親しみを感じられるお客様とコミュニケーションを重ね、自社のオリジナリティを活かして貢献し、反応が返ってくる――SNSマーケティングとは、本来とても楽しい仕事です。クライアント企業で働く方々にも、その楽しさ・働き甲斐を感じて頂けるような、愛されマーケティングを提案していきたいです。

「幸せの輪」をひろげよう

多くの試練を乗り越えて行き着いたのは、「幸せの輪」と呼んでいる信念です。まずは、自分自身が健全であること、そしてサービスを提供する仲間が信頼関係で結ばれ前向きに仕事に取り組めていること、そうでなければ、お客様に対して良い仕事をすることはできないでしょう。目の前のお客様に貢献できて初めて、社会全体に対する貢献が見えてくるのだと思います。大きなことを言っても、目の前の人を大切にできなければ、組織のひずみはやがて露呈するでしょう。

起業する時には、社会貢献ビジョンを実現しようと焦ってしまいがちですが、順番を間違えてしまうと、苦しいばかりで好循環を生み出すことは難しいと考えます。「社会をこう変えよう」というビジョンは、人を惹きつける力があり、とても重要ですが、それを崇高なものと捉えすぎ、そのためなら誰かを犠牲にしても構わないと考えてしまうと、大切なものを失いかねません。

貢献できることは、幸せなことです。感謝や尊敬を十分に示されなかったとしても、役に立てたと実感できるなら、それだけで報われています。貢献感を糧として、努力を積み上げていった先に、自然とその影響が社会全体に及ぶなら、それはとても素晴らしい、健全な「幸せの輪」だと思うのです。

グランドシッター育成と保育士キャリアコンサルティング
働き続ける人をどこまでも応援したい

株式会社ＢＯＡ　取締役社長
武市海里

Profile

名古屋市生まれ、千代田海上火災、貿易会社を経てファッション業界に転職。販売、営業を経験し、商品企画、販促、プレスの立上げなど社内ベンチャーの先駆けとなる。入社6年目で新規事業部部長に抜擢。社内外の人材育成研修に、産業カウンセラーの経験を活かしたコンサルティング研修と芸術療法を実践。また女性社員を積極的に採用し社内改革を実現。保育士の資格を活かした発想で子連れ出勤奨励、産休育休で辞めた女性の再雇用し女性の活性化で売上を大きく伸ばす。その実績を認められ社員初の女性役員になる。心理学を応用した人材育成コンサルティングと研修で社内の業績に大きく貢献。取締役マーケティング室部長を経て独立。

＊
＊

会社概要

社　名　株式会社ＢＯＡ
所在地　東京都中千代田区九段北1-9-5-204
ＵＲＬ　http://www.boanet.jp
代表取締役　武市海里
事業内容　一般社団法人日本ワークライフバランスサポート協会の企画運営・事務代行／グランドシッター養成・保育補助養成講座の実施／社員定着と創造力プログラムの実施とコンサルティング／シニア保育士看護師のグランドナース、グランドシッター紹介・請負事業現在、保育士さん向け人材育成のコンサルティングと、保育現場で企業のOB／OGであるシニアが企業で活躍できるよう、「グランドシッター」として養成し、人手不足の保育園等へ人材紹介しています。私の使命は、働き続けたい人をどこまでも応援すること。起業してから今まで、決して平たんな道のりではなかったですが、豊かな発想力と会社員時代に培ったカウンセリングマインドと感・勘・カンマーケッティングが私の道を切りひらいて拓いてくれました。

一社員から、42歳で会社役員に

30代でアパレル企業に中途入社し、36歳で部長になり、42歳で役員になりました。産業カウンセラーの資格を取ったことがコミュニケーションに生かされ、社内外問わず人脈が広がりました。周りの人には、「よくライバル会社の人と話をするね」と社内の情報が洩れることを心配する人もいましたが、人の話を聞くこと自体が楽しかったのです。カウンセリングマインドの中で一番面白いのは、相手側の目線で物事をとらえられること。相手が「何が困っているのか？」「どういう情報が欲しいのか？」を考えながら仕事をしていると、クライアントや上司からの信用を得ることもでき、仕事を任せられるようになり、そしてその経験はマーケティングにも生かされました。

ある時、私の大好きな「サンドプレイセラピー」の創業者が86歳で箱庭療法をしていることを知り、私も「86歳現役」を目指したいと考えるようになりました。当時、役員定年は63歳。そのアパレル企業で63歳まで働くつもりはなかったので、社長のご子息が社長に就任された時期を世代交代のタイミングとして役員を下り、勤務して25年目の55歳で退職しました。一社員から管理職になり、役員にはなりましたが、当時は女性が役員になることはかなり珍しく、役員会議の案内が私にだけ来なかったことや、役員会議に行っても私の椅子がないなど、そんな出来事もありました。今思い返すと、その道は非常に厳しいものでしたが、貴重な会社員時代だったと思います。

ひょんなきっかけから法人起ち上げに

退職後、起業することは頭になかったので、しばらくは起業家セミナーに参加をしたり、他企業のコンサルをしたりと、第二の道を探す日々が続きました。ある時、社員研修の講師をしている友人から、お客様への信頼度を高めるために法人にしたほうが良いと言われ、起ち上げたのが今の会社である株式会社ＢＯＡです。

オフィスは、両国の第一ホテルの中にある国際ファッションセンタービルの10階の1室。24時間セキュリティで、支払いは何と光熱費のみ。お掃除はしなくてよく、窓からは建設中のスカイツリーがよく見えました。こんな恵まれた環境であるオフィスに入れたのは、そこが当時3年に1回、起業する人を募集していたタイミングだったから。たまたま募集締め切りの10日前に知り、急遽、事業計画書を作りました。すると、25社の募集のうち、なんと10社に選ばれたのです。あのころのスカイツリーが伸びていく様子をみながら、わが社も一緒に伸びていけたらと願ったものです。

ビジネスパートナーの死を乗り越えて

しかし2010年に入った3月の初旬、私の身に信じられないようなことが起こりました。ビジネスパートナーの友人が孤独死してしまったのです。ある日、彼女の部下から彼女と連絡がつかないと電話が入りました。午前中は様子を見ていましたが午後になっても連絡がなかったので、これはおかしいと彼女の弟に連絡を取り、マンションに入ると彼女は亡くなっていたのです。その時のショックは言葉では言い表せませんが、お葬式を済ませて1カ月以上、なかなか立ち直ることができませんでした。

ビジネスパートナーだった彼女はメインで研修を受け持ってくれていたため、社内で研修をする人がいなくなりました。彼女の死後、これから何をしようかと考えたときに、人材紹介業のビジネスを始めようと有料職業紹介の認定を受けることにしました。当時販売会社の研修をしていました、在庫を持つことの

講習中のひとコマ

厳しさを知っていましたので、リスクの少ない事業を探したという理由もありますが、この選択が後の私の人生を大きく変えるとは、夢にも思っていませんでした。

人が集まらない！　赤字！　苦戦する中に見えた希望の光

あるとき日経新聞を読んでいると、「待機児童」という文字が目に留まりました。私は産業カウンセラーの資格と保育士の資格を持っていましたので、墨田区で保育園を経営している方に保育士の人材紹介業について相談してみました。すると、「保育士は直接雇用が基本だし、保育士の研修は一般企業と比べ少なく、知識を深めるために良いのでは？」と言われたことをきっかけに、保育士の人材紹介業をすることに決めました。

ところが、始まったと思いきや全くスムーズに保育士は集まりません。それどころか、全国の保育園も保育士を集めることに苦労していて、大手が地方に出向いて保育士を集めているということも、その時に知ったのです。そこで、世の中は潜在保育士に目をつけていると知り、また同時に「発達障害」という言葉が耳に入ったので、保育士資格を持つ人向けに、現場に復帰したときにすぐに役立つロールプレイ中心の研修と、保育士対象に発達障害児向けの研修をすることにしました。結果、東京は私が属しているＮＰＯと墨田区に協賛していただき、チラシを作り保育園に郵送して、会場を借り、受講生は10名集まりましたが、残念ながら赤字。名古屋は大手飲料メーカーに協賛してもらいましたが、こちらも同じように赤字でした。

そこで私は仕切り直すことに。保育士さんが見つからないのなら、私が保育園に出向き、保育士向けの定着支援研修をしようと考えたのです。保育士は結婚していない人が多いので、育児の経験がなく座学だけでは不安な人が多いのではと考え、コミュニケーションのツールとしてベビーキッズマッサージを教えると良いのでは？　と考えたのです。

今度は絞り込んで保育園にＤＭを流したところ、良い反応が返ってきました。その中で２つの保育園から連絡が入り、保育園でお部屋を借りて、園長先生から新米の保育士さんまで研修をすることができました。翌年には、来年入ってくる新人のために保育大学や専門学校にもとチラシを送りました。これも反応が良く、更に夜間の保育専門学校からも18人の申し込みが入りました。それから毎年チラシも進化させつつ、学校に送るようにし、徐々に受講申し込みの電話がかかってくるようになりました。

2年間で退職者ゼロ、そしてグランドシッターの誕生

私は起業したときから、何かシニアの雇用を生むようなことをしたいと考えていました。そんな思いが成果の第一歩につながった出来事があります。

ある日、保育園の経営知人から「武市さん、助けて」と電話が入りました。話を聞くと、保育士が７人もいきなり辞めるというのです。電話がかかってきたのが1月。私はどうやっても無理だと思いましたが、まず園長先生に残ってもらえそうな人には必死でお願いして残ってもらって

素敵な笑顔のスタッフたちと

ください と伝えました。そして翌月、一日に7人、3日間かけて計21人の正保育士と面談をしました。キャリアカウンセリングをして原因を探り、研修のプログラムを作りました。それらを2年間継続したのです。翌年の10月、面談を行うと次年度の退職者はゼロ、全員が残ってくれることになりました。

そしてもう一つ、別の保育園の園長先生から早朝保育のパートが集まらないと相談を受けたことが、新しい雇用を生むきっかけになりました。本来、保育には、女性や子育て経験者という先入観がありますが、お母さんが早朝に働くことは非常に難しい現実があります。ですから、朝早く動ける人はだれ？ と想像したとき、シニアだと考えたのです。実は、頭の中で思い浮かべる顔もありました。東北の震災で本社が潰れ失業中の男性だったのですが、そのかたに向けて、「私はこういうことをやっているんですが、シニアを対象にグランドシッターという研修をして、その後は保育園でのお仕事に興味ありますか？」と尋ねてみました。すると、「面白そうですね」とお返事をいただけたので、保育園に誘ってみました。すると、男性は「自転車ですぐですから、行きます」と。

私はその男性と一緒に保育園に入り、部屋に通されて園長先生の前に座ったとき、私は驚く光景を見ました。男性が「懐かしいですね」と言いながら小さい椅子に座ったとき、ポロポロと涙をこぼされたのです。おそらく震災のこと、仕事のこと、様々な思いが湧いてこられたのだと思いますが、子どもの存在ってすごいと改めて感じました。

その後、男性は保育園を案内してもらい、その間、私は園長先生と打ち合わせをしていました。それが終わり一緒に保育園を出たときに、私は男性に「どうでしたか？」と尋ねると、「武市さん、この仕事おもしろそうですね！」と言われたのです。そこで私は「そうですか！　じゃあ研修しましょう！」と、研修を始めました。そうして、グランドシッター第1号が誕生したのです。

想像以上！　グランドシッターの活躍ぶり

グランドシッターの活躍は、私の想像を超えるものがありました。早朝の掃除から、園児との散歩、職員室に貼ってあるスケジュール表を見ながら、今日は跳び箱の日と言えば遊戯室に行って跳び箱を出してあげ、プールのときはプールを出して片付ける。長年仕事をしてきたかたの細やかな気遣いには感服しました。総合力判断力は若い人と比べ物にならないくらい豊でした。保育園ではこういう男性がいないと、保育士さんたちが全部しないといけないのです。

「保育士さんたちは全ての準備をして、子どもの面倒を見て、あやして時間までに食事を済ませて、おむつを替えて……と大変だから、そんな姿を見ながら僕は保育士さんの邪魔にならないように黒子をやっています」と、グランドシッターの男性は言われます。そういうけなげな姿勢が、子育てはしていないけれど仕事はしてきた男性の持ち味だなと思います。定年退職というと、民間の企業では扱い方が難しいと言われてきました。しかし、中卒でも院卒でも定年まで勤めたということは大きな信頼です。だから私は、定年退職者＝ブランド品だと考えています。

起業して良かったことと、これからのビジョン

収入はサラリーマンのときの10分の1になりましたが、ストレスも10分の1になりました。私が起業して良かったことは、やはり楽しいこと。嫌な仕事は断ることができること。それに尽きます。また私のビジネスは独自路線です。競合がありません。だから、人と違う発想をしないと面白くありません。私は今後、どうすることが効率良くて、どうすればヒットするか、自分で模索しながら、自分の目で確かめていきたいのです。

私は2年前に一般社団法人日本ワークライフバランスサポート協会を作りグランドシッター養成事業を協会に移しました。これを国の認定機関にしたいと考えています。1万人のグランドシッターを養成し、グランドシッター養成講座をアジアに進出させることが希望です。ベビーシッ

ターは世界で通用します。定年退職した人が経験したことを活かし教えられるグランドシッター養成という教育ビジネスが、アジアの女性の一つの仕事になればいいな、と。また、このノウハウで起業したい人、グランドシッター養成講座をやりたい人、そんな方の独立を支援してFC化して広げていただきたいですね。子どものことを学ぶことは、今まで使っていなかった右脳が活性化することになります。イマジネーション力を活性化し、新しい想像の世界を上手に手に入れられるようになりますよ。ですから、シニア男性だけでなくこれからのビジネスに非常に有効です。

これから起業を目指す女性の皆さんへ

起業していれば、うまくいかないことも多いし、めげることもあります。一人だと、決断に迷ったり、借金などで厳しいこともあるでしょう。そういったとき、ビジネスパートナーがいれば、助け合い、補い合うことができます。最初は喧嘩してもいいのです。たくさん話し合える相手の存在は励みになりますので、複数人で起業されることをお勧めします。

それから、成功するまで諦めないことです。成功するまで続ければ、必ず成功します。だからやり続けることがすごく大事です。

また、私たちが見えていることには限りがあります。ですから、これから出会えないまだ見ぬ人に目を向けてその人達を幸せにするビジネスこそ、人の共感を呼び、大きく広がっていくと信じています。

「情熱」「行動」「出逢い」が、運命を拡げる！

有限会社ジャングル マァム　代表取締役・アートディレクター　**三澤滿江子**

Profile

女子美術短期大学卒　アートディレクター
1991 年 有限会社ジャングル マァムを設立現在に至る。
日本グラッフィックデザイナー協会会員、テキーラマエストロ取得。
ニューヨーク・イギリス等で・アートポスターの個展開催、QVC ジャパンのブランド「COCCO FIORE」のアートディレクション・ゲストとして出演。ブランド「Amulet-S」「LAMOM DICLASSIS」トータルアートディレクション。

＊
＊
＊
＊
＊
＊

会社概要

社　名　有限会社 ジャングル マァム
所在地　東京都葛飾区小菅2-18-14
URL　http://www.j-mom.com
代表取締役　三澤 滿江子
事業内容　ファッション・アパレル・空間・プロジェクトなど様々な全てのアートディレクション事業、デザイン事業

「女も仕事をするのが当たり前」の感覚で、30歳で起業

グラフィックデザイナー、アートディレクター、QVCジャパン（テレビショッピング）への出演、自社ブランドの確立、テキーラマエストロ……いろいろあった私のこれまでの人生も、振り返ってみれば次の３つで表現できる気がします。

それが、情熱、行動、そして出逢いです。様々な仕事をしてきた私ですが、「起業のきっかけは？」と聞かれると、特別ドラマティックだったわけではありません。ジョージア・オキーフの本の装丁やISSEY MIYAKE氏などのグラフィックをなさっていたアートディレクターの先生に弟子入りし、30歳を機に独立したことがきっかけです。

私の母は75歳まで現役で仕事をしていましたから、自然に私も「女が仕事をするのは当たり前」の感覚で育ちました。漠然とですが、「30歳になったら独立して、自分で仕事を始めるんだ」という意識もあったと思います。クライアントがついて、自分でやっていけると判断できたタイミングで、ジャングル マァムを起ち上げました。

デザイン＋αの経験が、自身のトータル的な地位を確立する

グラフィックデザイン一つをとってみても、私がやっていた時代と現在とでは、仕事のやり方

NYカタログ

がまったく違います。私が独立した頃は、フォトショップやイラストレーターはおろか、Macintoshさえない時代。誰でも簡単に、それなりのデザインを作れるなんてことはあり得ませんでした。デザインを学びたければ、先生のところに丁稚奉公同然で弟子入りするのが当たり前。しかも仕事は徹夜が基本。先生から「今日はシンデレラね」と言われて、「あぁ、今日は終電で帰れるんだ」と思ったものです。

ジャングル マァムを起ち上げて少し経った頃にMacintoshが登場し、デザインの世界は180度変わりました。誤解のないように言うと、スティーブ・ジョブズ氏は私が尊敬する人物の一人です。Macintoshも愛用していますし、あるとないとでは仕事の捗り具合が違います。

ただ当時は、今よりはるかに高価で簡単には買えませんでした。ようやく買えても、デザインに必要なフォントが標準装備されていたりはしないので、例えばモリサワなどのフォントは買わなければいけませんでした。買ったフォントを自分なりに手書きで付け足したり切り貼りしたりしながら、自分なりのデザインを追求したものでした。

厳しい部分もありましたが、これらの経験のおかげで単に一つのものをデザインするだけでなく、ロゴやパッケージも含めたトータルのデザイン、そしてプロジェクト自体を取り仕切るアートディレクターという仕事にステップアップできました。さらにアパレル商品のトータルデザインや、それをＱＶＣジャパンで販売すること、自社ブランドを立ち上げたことを通し、アートディレクターとしての確固たる地位と、自分の意識を確立することができたのです。

小さなきっかけも、行動すればチャンスに変わる

独立した私が飛躍するチャンスを得られたのは、独立から2年ほどが経った頃にニューヨークから送られてきた、あるＦＡＸがきっかけです。ニューヨーク・アートディレクターズクラブをご存じでしょうか？　ニューヨークを拠点に１９２０年に創立された、とても権威のある広告美術団体です。世界中から数万点の広告作品やグラフィックデザイン作品などを公募・審査し、受賞作品をニューヨークＡＤＣ年鑑にまとめて毎年発行しています。私は仕事以外にアートグラフィックの作品も創っていました。

私の作品がニューヨーク・アートディレクターズクラブで入選した――深夜に送られてきたFAXの文面を読んだ私は、徹夜仕事で疲れ切っていたのも忘れるほど飛び上がりました。そしてこんなチャンスは二度とないからと、スタッフ全員とニューヨークまで行くことにしました。入選くらいで渡米する人はいないそうですが、私は行きました。でも行って良かったと感じる出逢いが、ニューヨークで待っていたのです。

ニューヨークの会場で、現地を取り仕切っていた日本のトップの方から、「この会場、1週間だけ空いているから、良かったら個展をしてみない？」とのお誘いが。「やります！」と即答し、単に入選しただけの私が訪れたばかりのニューヨークの権威あるADCのギャラリーで、1週間も個展を開くことができました。

デザイナーにとっての、「自分の世界観」とは？

ニューヨークでの個展は私の大きな自信となり、次の自分のステップになりました。ADCでの個展がイギリス・エジンバラのアートフェスティバルのプロデューサーの目に留まり、1997年にそのギャラリーでも個展を開催。さらに知り合いのプロデューサーがいた、リビングデザインセンター「OZONE」が主催するギャラリーにも出展。独立から10年経った頃には、私のデザイナーとしての世界観に魅力を感じてくださるクライアントを選び仕事ができるまでに成長できました。

デザイナーとして、自分自身の世界観を大切にすること。その世界観を思う存分出せるクライアントとだけお付き合いをしていくこと。弟子入りしていた先生から、私はそう叩き込まれていました。「デザインは、自分の生き方と世界観を大切にするもの」。その教えが私にとっては当り前で、独立当初は仕事をしながらそれを構築する日々でした。その最中にニューヨークやエジンバラでの個展があり、徐々に私は自分の世界観を確かなものにしていったのです。

「女性として生まれてきた事の意味を感じ、全ての女性が生き生きと、美しくなれるような物創りをすること」。ジャングル マァムのトップページに飾られているこの言葉を自分の指針として、そこからの私はグラフィックデザイナーとしてだけではなく、アートディレクターとして、さらにステップアップしていくことになりました。

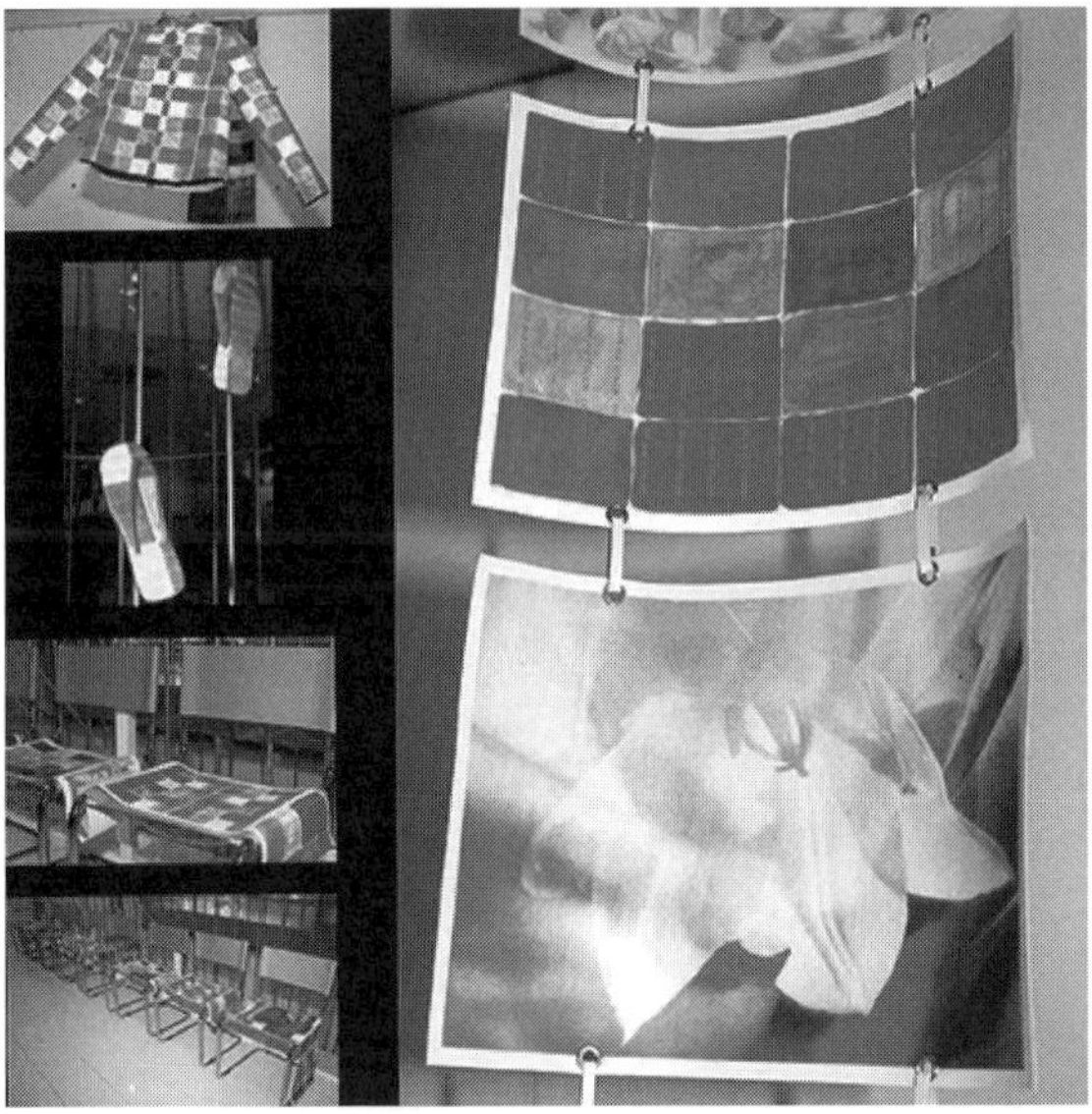

レザー展示会

グラフィックデザイナーからアートディレクターへ

そのきっかけとなったのが、ある有名ハンドバッグメーカーの女性社長との出逢いでした。自社の製品のディレクションをしてほしいと、新しいジャンルの依頼をいただいたのです。ディレクションとなると、単にデザイナーとしての側面だけでは足りなくなります。新しく「アートディレクター」というステージにステップアップし、モノづくり全体の企画や舵取りなどをしていかなくてはいけません。当時、私はグラフィックデザインがメインだったので、バッグのデザインについては素人でした。ですがパッケージやロゴのデザインができたので、バッグのデザインも学べばやっていけると思い、さらにディレクターとして自分の世界観を打ち出せるということは、とても魅力的でした。

女性社長からの依頼を受けた私は、そこからレザーの世界に入っていくことになります。革にデザインをプリントしたり、その技術を持った企業とのコラボレーション展示会を行ったり、本格的にバッグの勉強を始めたりと、どんどん世界が広がっていきました。

すると今度は、あるメーカーが持っているイタリアンブランドの再生の依頼が持ち込まれました。ブランドとしては存在しているけども休眠中で、まったく動いていないブランドの復活。これが私のイタリアとの出逢い、そしてその後の展開につながっていったのです。

出逢いを紡いで表舞台へ。ＱＶＣジャパンデビュー

イタリアへ行った私は、あるレザーと出逢います。その名は「コッコ・ペルラ」。イタリア・トスカーナ地方のタンナー・コリペル社で、そのレザーを一目見た瞬間に惚れこんでしまった私は、その場で革を買って自分のデザインでバッグを作り、持ち歩くようになりました。その革をもとにデザインを重ね「コッコ・フィオーレ」というブランドも企画。カバンや財布など、トータルで世界観を構築し、女性に喜ばれるものを考えていきました。

さらに、日本での知り合いのモデル・カラーコーディネーターの女性と組んで「アミュレット―S」という、開運をコンセプトにしたブランドの商品をデザイン。自分で象形文字をデザインして、それを絵柄に財布を作るなど、自分の世界観に合ったモノづくりを目指しました（やむを得ない事情で一旦はアミュレット―Sは終了しましたが、２０１７年12月にＱＶＣジャパンで再デビューします）。

すると不思議なもので、40歳近くなったとき、これまでずっと裏方に徹してきた私が表舞台に立つことになったのです。２００２年、テレビショッピングのＱＶＣジャパンとの出逢いでした。ある営業の方に「出品できるものがあるなら営業においで」と誘われ、手元にあるブランド企画を持ち込んでみると、「いいね、すぐにやろう」とＱＶＣジャパンでデビューすることに。

コッコ・フィオーレをＱＶＣジャパン用のブランドとして正式に起ち上げ、さらにカメラの前

コッコ　ドラート

での商品説明も私がやることになったのです。「それだけ惚れこんだ革の製品なんだから、あなたがやりなさい」と言われ、「やらない」の選択肢はありませんでした。女性としての自分が女性のためにデザインした製品です。そのコンセプトを伝えるのも、自分の役割なのだと考えました。裏地や金具まで世界観にこだわってデザインし、さらに製品の精度も徹底したものにこだわり、良いスタッフの方にも恵まれ、結果、コッコ・フィオーレはＱＶＣジャパンのトップブランドの一つとなり、不動の地位を築きました。

新たな出逢いを自社ブランド「ラマム・ディクラシス」で表現

アートディレクター、ＱＶＣジャパン出演の傍ら、その後も私はイタリアに足しげく通いました。最低でも年２回は革の展示会リニアペッレに行くためにイタリアへ。フィレンツェを拠点に20年近く、行ったり来たりする生活を送っています。ブレーン・知人もたくさんできましたし、現地の人しか行かないお店も、たくさん知りました。感覚的には、フィレンツェが私にとっての第二の故郷くらいの思いです。

そんななか、コリペル社が新しく開発してくれたワンランク上の革「コッコ・ドラート」と出逢います。またもや運命の出逢い。コッコ・ドラートを見た瞬間、ＱＶＣジャパンとは別の自社ブランドを起ち上げることを決めました。それが「ラマム・ディクラシス」です。意味は「ちょっとハイクラスのいい女」、コンセプトは「出逢いとコミュニケーション」。

私のこれまで人と出逢い、コミュニケーションを深めてきた一つの着地点。均一化されて平均的なものが当たり前のように氾濫している現代で、それを否定し、さらに自分の世界観とアートディレクターとしての経験、女性として生まれてきたことをユーザーの方々と共感したい想いを形にしました。

待っているだけでは、人も運も引き寄せられない

そして出逢いはとどまらず、２０１３年に日本テキーラ協会の林 生馬会長との出逢いで私はテキーラマエストロの資格を取得しました。実は私たちが知らないテキーラの凄さと素晴らしさ、テキーラと同じ原料から作られたブルーアガベシロップと、その良さを広くお伝えするために２０１５年に起ち上げたブランド「カリーノ・ミオ（私の愛しい人）」、がＱＶＣジャパンデビュー

カリーノ ミオ
ブルーアガベシロップ

と一般での商品展開など、語り尽せないことが山のようにあります。

ただ一つ言えるのは、冒頭にお伝えしたように、私のこれまでの人生は「情熱」「行動」「出逢い」に集約されています。そしてそれを、きちんと形にして遺してきました。私の周囲には、常に良い人がいてくれました。とくに大学時代からは、目上の方には恵まれた人生だったと思います。実際に人と会い、いろいろなところへ行く。そしてさらに新しい出逢いがある。その積み重ねが、私の人生を形作っていると言っていいでしょう。

出逢いは、誰にでもあるもの。決して特別なものではありません。大切なのは、その出逢いに意味を見出しているかです。私はクリエイターですから、何かを表現するためにいつもアンテナを張っています。出逢いがあると、「この人は自分にとってどういう位置の人なのか？」ということも考えています。

あなたにも出逢いはあるはず。その意味を考えてみてはどうでしょうか。アンテナを張っていると、あなたに合った人や運が引き寄せられてきます。引き寄せられてきた人と会って、自分の強みや情熱を伝え、チャンスがあれば行動して掴む。ステージアップは、そうやってしていくもの。待っているだけでは、人も運もめぐり合わないのです。

ヴァーチャルでつながれる時代だからこそ、リアルに人と会う

現代はコミュニケーションツールが発達し、家にいながら人とコミュニケーションを取ることができる時代です。自分の情報をSNSやブログやメルマガなどで簡単に発信できる。だから、それで自分は外に出ていると思いがちになってしまいます。

悩む人は頭のなかだけで「どうしよう」と考え続けて追い詰められていってしまいます。確かに行動しても問題は起きます。例えば私の場合、すぐに行動してしまう反面、計画性の部分ではかなり苦い経験もあります。

ただ、かなり名の通ったブランドや企業でもない限り、「自社のブランドや商品＝自分」です。直接、人と触れ合うことが、自分を売り込む最高の方法なのです。メッセージで「また会いましょう」の一言があったら、その場で会うためのアプローチをかけ、実際に会いに行く。そんなきっかけは転がっていると思います。そのきっかけを逃さず、自分の足で動いて、チャンスに持って行くこと。相手と話しているうちに話題が広がり、大きくなっていくことはよくあること。するとそこに自分の役割や、自分の可能性を拡げる可能性が見つかったりします。

物理的に外に出て、人と会ってください。その一歩踏み出す勇気を持っていただきたいのです。もしもそれが難しいなら、自分のなかの情熱に目を向けてみてください。あなたの内なる声が、行動する力を与えてくれるでしょう。人生は一度限りです。精一杯やってみましょう。

仕事は「愛」「出会い」「マインド」

株式会社ブリランテ　代表取締役　CEO
増田久美子

Profile

武蔵野音楽大学器楽学部ピアノ専攻科卒業。2000年有限会社ブリランテ設立。妊産婦専門メディカルアロマセラピストの育成及び派遣を医療機関や企業とタイアップ。2017年8月までの症例数は25万件を超える。2006年から妊産婦向けイベントのトータルプロデュースを手がけ、２０１７年には２日間で約２万３千人が来場。幹細胞美容、フェミニンケア啓蒙事業を新たに展開。2016年から中国へ進出。

＊
＊
＊
＊
＊
＊
＊
＊

会社概要

社　名　株式会社ブリランテ
所在地　大阪市北区中之島4-3-20
ＵＲＬ　http://www.brillante-e.com/
代表取締役　増田久美子
事業内容　・セラピストサービス事業
・イベント企画運営及び商品開発事業
・セミナー・研修事業

「お腹の赤ちゃんに音楽を聴かせてみたらどうなるの？」から始まった癒し事業への道

私が事業をしようと考えたきっかけは、「お腹の赤ちゃんに、音楽はどう聴こえるのかな？」と、ふと疑問に感じたことでした。

子供の頃から人を癒すことが大好きだった私。幼少時よりピアノの勉強に励み、自宅に来られたお客様にピアノでモーツアルトやシューベルトをBGM演奏し、喜んでいただけた時の優しくて穏やかな時間の流れが大好きだったことを、今でも鮮明に憶えています。

大人になり、女性の為のトータルヒーリングサービスが仕事になりました。コンセプトは「女性の心と身体のトータルケア」。私にとって仕事とは、愛をお伝えすること。常に前向きなマインドを持ち合わせていれば、必然の出会いも引き寄せミラクルを起こすことを、数多く経験してきました。

「赤ちゃんが好き」から、アロマとの出合いへ

大島清先生の本を読み、お腹の中の赤ちゃんがお母さんのお腹の中で、数億年の人類の歴史を約10カ月で通り過ぎ、人間として誕生することに感動！　お腹の中ってどんな音がするんだろう？　海の音かな？　海の音に混じってピアノの音も聞こえるのかな？　と、とても興味を持ち

ました。20年程前は、まだ「胎教」という言葉は聞き慣れず、CDすら1枚あるか無いかの時代です。書籍や専門書で調べたり、実際に妊婦さんにピアノ演奏を聴いてもらいデータを取ったりしながら、自分なりに研究しました。私は思い立ったらすぐに行動する性格。「お腹の赤ちゃんに音楽を聴かせるミニ音楽会」の企画書を書いて、日本全国およそ２００カ所の産婦人科の先生に送りました。そしてたった1人の先生からお返事をいただくことができたのです。

先生のお名前は森本義晴先生、（医療法人三慧会理事長IVF JAPAN CEO）医療従事者でありながら、統合医療を高く評価され、実践。またスピリチュアルな精神もお持ちで、私の活動を大きく評価してくださいました。森本先生との出会いがきっかけとなり、現在の私の産婦人科領域での仕事が始まったのです。以来20数年のお付き合いとなり、現在も私の活動を応援してくださっています。

病院で妊婦さんの為の語りかけ会、胎教音楽会を開催。音楽に反応したお腹の赤ちゃんの足がニョロっと突き出るのを見て生命の素晴らしさに感動し、ますます妊婦さんの癒しのアプローチへの関心が強くなりました。何かトータルで五感に訴えるものはないかと探し始め、その中でも「香り」によるリラクゼーションに着目。当時の香りの手法は、インセンス（お香）はあってもアロマセラピーは日本に知れ渡っていない時代でした。

また、ここでも大きな出会いが。通い出したアロマセラピースクールでの西山万里先生との出会いです。オペラ歌手でもある万里先生、そしてピアノを専攻していた私、二人は共通の「芸術的価値観」から意気投合し、それまでの（五感：聴覚）胎教音楽に加え、さらに（五感：嗅覚、触覚）に訴えるアプローチ、「産前産後の女性の方々へのメディカルアロマセラピー」へと動き始めたのです。

マッサージベッドを背負って関西の産婦人科を訪問

国際アロマセラピストであり、声楽家でもある万里さんは、ウイーン留学時代に声楽の先生が喉のケアに植物療法を取り入れ、アロマセラピーが心と体のバランスを整える素晴らしいものというものを知り、体験を通じ熟知されていました。だからこそ、日本の皆様に伝えたいと、一緒に活動してくれました。

現在では産婦人科の病院にアロママッサージがあることは珍しくありません。アロマセラピーが日本に入ってきた約20年前、同時期から産前産後の女性のアロマトリートメントを始めた私は、マッサージベッドを車に積み、「アロマセラピー体験してください」と、ベッドを背負って関西の大小の産婦人科を訪ねて回りました。私がビジネス営業を担当し、友人が施術を担当し、2人で営業。その良さは体験していただくことで伝わり始め、徐々に取り入れてもらえるようになりました。

２０００年8月に会社を設立、今年で18年目を迎えます。創業時からメディカルアロマセラピスト育成に力を入れ、設立時から共に働くスタッフは皆、10年以上のキャリアを持っています。

事業の2本柱、セラピストサービスとヒーリングプロデュース

当社の事業は大きく分けて2つ。1つは、メディカルアロマセラピストを育成し、「セラピストサービス」のパッケージを、不妊症クリニックを含む産婦人科の医療機関向けに提供しています。妊婦さんや産後の女性には、リラックスや疲れをとる施術をメインに。不妊症の方々には、身体を温めたり、女性ホルモンを向上させたり、あとは心のカウンセリングを施しています。

もう1つは、イベントプロデュース事業、癒しのイベント、施設でのアロマセラピー講習、ヒーリングミュージック・胎教コンサートなどのプロデュース。例えば、関西の有名産婦人科の病院とテレビ大阪の主催で年1回、春に開催する「マタニティカーニバル」。今年で12年目を迎えました。我々は第1回目の立ち上げ時からスーパーバイザーを務め、2017年の来場者数は2日間で2万3千人を数えました。

学び続け向上し続けるセラピストスタッフに恵まれて

当社の、産婦人科での産前産後のアロマセラピートリートメントの症例数は、20年間で25万件以上、おそらく日本一ではないかと自負しています。例えば、セラピスト1人が、1週間で約30人を施術。それだけの数を施術しても、一人前になるには3年かかるのではと思います。現場には様々な症例があり、切迫流産、死産、感染症をお持ちの患者様への対応、興奮のあまり眠れな

くてなぜか泣いてしまう方も。必要なのはアロマのタッチングだけではありません。それぞれのクライアントに合わせたカウンセリング能力、受け入れる心の広さ、聞く力、栄養学、コミュニケーション能力、そして産前産後や不妊症に関する医学的な知識もなければなりません。セラピストはそういった厳しい条件で、知識はあって当たり前、施術は普通の人より上手くて当たり前、その上に人間力を必要とします。当社のトップセラピストは20年以上のアロマセラピストとしての経歴があり、今も当たり前のように日々の学びを継続しています。彼女に続くセラピスト達も、常に向上し続けています。私は素晴らしいセラピストスタッフに恵まれていることに、とても感謝しています。

まさか！　理由なく突然の渡米ビザ申請却下

これまで全てが順風満帆とはいかず、大変なこともありましたが、好きなことを続けてきたので、それを苦労と感じたことはありません。そんな私ですが、これまでの人生で一番つらかったこと。それは、「アメリカ渡米ビジネスビザ申請が却下されたこと」です。

２００９年、『ブリランテハワイ』という事業部を立ち上げ、ネイティヴハワイアンの叡智を日本に広める活動を始めました。ハワイのネイティヴハワイアン、ヒーラー達を日本に招致してワークショップを開催、お客さまをハワイのリトリートにお連れするスピリチュアルジャーニー、という企画を実施。本物の「心と身体の癒しと感動」を多くの方々にお伝えしていく事業です。

ある日のこと、米国大使館でビジネスビザを申請したのですが、理由なく却下されてしまったのです。日本とアメリカ両国の法の下において、法に背くことは一切していません。ですが、「２１４Ｂ」という却下宣告を大使館でもらう事態に。「あり得ない！」と唖然としました。ハワイでの事業は私抜きでは完結遂行できません。先の事業計画も白紙となり２０１４年、ハワイ事業部はやむなくクローズせざるを得なくなりました。この出来事が会社を設立してから一番苦しい出来事となりました。

数カ月間は立ち直れなかったものの、「深い悲しみと絶望の波の後、この悲しい出来事も何か意味がある。その意味を逆転の発想で捉えていきたい」と、全てポジティブに考えるようになりました。もしハワイでの事業を続けていれば、後述する中国のセラピスト養成事業の話も来なかったでしょうし、今の私は無いのかなとつくづく感じています。出来事には必ず意味があり、これは他の様々な世界への扉を広げてくれたのだと。

中国での産前産後ケアの実情

２０１６年から中国企業のオファーにより、現地でメディカルアロマセラピストを育成、妊産婦専門のスパを立ち上げる事業のアドバイザーとしての活動が始まりました。中国にはアロマセラピーが普及しておらず、20年前の日本と同じ状況。産前産後の病院体制やケアもまだまだありません。当社のトップセラピスト達を連れ現地に入り、通訳を入れながらメディカルアロマを教える授業を実施しています。

中国　上海のメディカルアロマ講習を終えた生徒の皆さん、国際アロマセラピストであり、弊社のトップセラピストをお任せしている山口英美さんと。

中国を頻繁に往復して分かったこと。それは中国で産後に特に望まれる産後のケアの1つが「膣を縮めたい」ということ。この要望が想像を超えて多く、「膣のマッサージを授業で教えてほしい」と言われました。しかし、セラピストとしての施術範囲として簡単に教えられることではなく、丁重にお断りしました。中国では、医療とセラピストが行う代替医療との境界線がグレーなのが現実。セラピストがクライアントの願いを叶えることが最優先という考え方があるのかもしれません。まだまだ国としてSPAビジネスの法律が定まっていない中国では仕方のないことかもしれません。

その後、この中国企業の方々が、日本に来日し、医療機関である美容外科で機械による膣の施術を体験されました。彼

中国での産前産後の女性のSPA「Rosemadame」1号店オープン、 2号店、そして3号店オープンが続いています。
上海でのビジネスパートナー、上海广生行 陈英社長とワールドクラスの女性と仕事がご一緒できてとても光栄です。

らはその機械を買って中国へ持ち帰り、セラピスト達に機械を使わせると言い出したのです。もしクライアント様が婦人科の疾病を抱えていたら、責任問題にもなりかねません。「その施術はセラピストが簡単にできることではありません」と何度説明しても聞き入れてもらえず、この会社様とのリスクマネジメントを改めて考え直さなければと思い悩んでいました。

そんな中、ある商材との出会いで、状況はまた新しいステージへと進み出します。

闇の先にあった私の使命

「神様は本当にいるんだな」と、真剣に思いました。人肌由来繊維芽細胞培養液を利用した新概念の女性専用の化粧品を

絶え間ない技術開発を通して最高の製品を生み出している 株式会社 MEDIUS JAPAN 会長である、キャサリン シン女史と。

広めている会社、そして創業者の漢方医、キャサリン・シン先生とのご縁をいただいたのです。世界に一つしかない幹細胞の美容液で、膣から全身に自身の成長因子に活力を与える再生美容法。しかもセルフケアが可能。中国の企業には、この美容法を勧めることにしました。

膣と言えばフェミニンケア。膣のケアをすることはとても大切なのに、日本は先進国の中でかなり遅れています。デリケートな身体の一部である膣の正しい洗い方や、成長や年齢に応じたケアなど、きちんと習得する機会がありません。フェミニンケアをきちんと実践することで、免疫力が上がり、更年期にもプラス作用し、セクシャリティの問題もクリアできます。女性が輝かしく美しく健康的に生きていけるように導いてくれるのです。ひいては介護までつながり、下のお世話はフェミニンケアを実践しているかどうかで全く違ってくるので、ケアをしていれば、介護する側もされる側もお互いが快適でいられるのです。

今後は、ご縁あって繋がった「フェミニンケアの大切さ」をどんどん発信し、もっともっと美しい女性、膣美容を世界中に広めていきたいと考えています。それが私のライフワークの1つ、そして大きな使命と感じています。

大切なのは「愛」「出会い」「マインド」

中国の次はベトナムからもお話があり、海外からのオファーが続くと、他の企業や起業家の方々から、「どうやって海外のお仕事を見つけるんですか？」と尋ねられます。私の場合、ほとんどの仕事は自分から探して見つけているのではありません。最初にアロマの学校でオペラ歌手の万里先生と出会ったこと、困り果てていた時に再生美容法の会社様と出会ったこと。私の人生は、仕事でもプライベートでも、全て偶然で出会うべく人に引き寄せられるように出会ってきました。

なぜ自分に必要な人と最高のタイミングで出会えるのか。その引き寄せを起こすためには、マインドが前向きで、宇宙の中の自身の存在に気づき、宇宙と、そして地球、大自然と繋がって生かされていることを意識し、常に精神的に輝いていることが必要なのではないかと感じています。

私にとって、起業してからの最大の喜びは、これまでに出会った多くの女性たちが幸せになっていくこと。そして彼女たちに美しさや愛を与えて差し上げられること。施術だけで25万人ということは、関わった女性はそれ以上。これは、私の天職です。

仕事は「愛」です。もちろん数字も大切です。しかし、愛を持って仕事をしていれば、お金は後からついてくるもの。新しい事業を始める時も、「これを実践したらいくら儲かるか」という計算は最初にすることはありません。仕事への希望や将来性、夢をまず第一に考え、その後で数

マタニティーカーニバルのスタッフと共に撮影した一枚。
トップセラピスト山口英美さんを始め富永美津子さん他、素晴らしいスタッフとともに。

字を考えていきます。「これを実施すれば、私に関わる生徒さんやクライアントさまに喜んでいただける。幸せになってもらえる」その気持ちを持って仕事に取り組むのです。

甘いと言われるかもしれません。ですが、私はこれからもそういう仕事をしていくでしょうし、そんな仕事を選んでいくでしょう。私の周りは強力な引き寄せの波が常に働いています。地球に生かされていることに感謝をしつつ「愛」と「出会い」と「マインド」を大切にしながら、今後も輝き続けていきたいと思っています。

オリジナルコスメを作りたい女性に必見！
シェアして100個から出来るマイブランドコスメ

株式会社ability　代表取締役
小出美知代

Profile

「美しく歳を重ねること」。女性の誰もが持つ、願いを叶えるハッピー・エイジングケアを提案するために、「ability（アビリティー）」は誕生しました。

長年培った正しい美容知識と1500回以上もの試作を重ねて作り上げたコスメが、お客さまの生涯の美肌につながると信じています。そして、より多くの女性を美しくする喜びを一緒に分かち合うために、「シェアコスメ®」という仕組みを発案しました。誰でも気軽にオリジナルコスメが制作できる、画期的なビジネスモデルです。この事業を通して、女性の生き方をサポートし、より幸せなライフスタイルを実現できることを心から願っています。

日本化粧品検定協会 公認認定校、同協会のコスメコンシェルジュインストラクター

＊

＊

会社概要

社　名　株式会社ability(アビリティー)
所在地　東京都台東区上野2-12-18-2F
URL　http://ability-10.com
代表取締役　小出美知代
事業内容　オリジナル化粧品・健康補助食品の企画販売／化粧品・サプリ全般OEM企画・製造コンサルティング／通販販売支援、ECサイト、デザイン全般制作／アロマテラピー事業部

オリジナルコスメが、在庫・費用・労力10分の一で可能に

女性にとってスキンケアは毎日のもの。できれば自分に合ったコスメを使って、いくつになっても若く美しいお肌でいたいものです。そうは言っても人の肌は千差万別、自分に合った化粧品を一般に販売してる中から探すのはけっこう難しい…。どのような成分が自分の肌に合っていて、それがどこで販売されていて、使い続けられる金額か、使ってみて結果がでるか…など。試行錯誤を繰り返しながらようやく見つかるか、または今も見つかってない「化粧品ジプシー」の方も多いかもしれません。自分の肌に合って高品質、できるだけコストも抑えて、のお悩みをすべてクリアにし、かつオリジナルとして自分で販売も可能になる！それが「シェアコスメ®」です。シェアコスメ®という言葉は聞いたことがないと思います。それもそのはず、日本で唯一の取り組みです。

簡単にシェアコスメとは…あなたが自分に合うコスメがなく、思い切って「自分のお肌に合うオリジナルコスメを作ってみよう！」とします。

まず化粧品ＯＥＭ工場を探すところから始め、工場と試作品を作り、さらに箱は箱の、容器は容器の、ラベルシールはラベル業者と、それぞれやりとりをしなければいけません。しかもゼロからオリジナルでの工場への発注は最低で１０００個、すべて買い取りです。化粧品は未開封なら3年は持つと言われてますが、それでも１０００個の在庫を抱え、実際に使い切れるか、販売

できるかというとかなり難しいでしょう。一人でのオリジナルは時間と手間とお金がかかるのが現実です。シェアコスメ®は、マイブランドコスメを100個から作れ、さまざまなオリジナル製造の心配をクリアにします。

例えば…あなたが求めるようなスキンケアコスメを作りたい方を約10人ほど募って、工場への最低発注ロット1000個をそのシェア参加する方々で発注数をシェアすることで在庫負担をなくします。また化粧品製造全体のノウハウと知識を持った私が、面倒な各資材業者も担当し、さらにその完成したオリジナルコスメを販売しやすいように商品説明のチラシ作成も行います。一人でのオリジナルより、在庫リスク・費用・労力・時間が10分の1になり、あなたのお肌に合ったオリジナルのマイブランドコスメを手に入れられるのです。

シングルマザーで限られた仕事の中で出会った、化粧品製造業。

私が起業とシェアコスメ®を考えついたのは、過去の出来事も大きく関係しています。

23歳のときにツアーコンダクターに憧れていた私は、銀行からわずか50万円を借り福岡から一人で上京。友達も親戚もいない東京で憧れだけで添乗員の仕事に就きましたが、憧れの添乗員は見た目以上にハードで、おしゃれとは縁遠く続けることを断念。次の転職先は海外の下着メーカーも扱う、年2回の海外出張もある華やかな通販誌関係のお仕事。

ここで公私ともに充実した日々を送る中、初イタリア出張の前に妊娠がわかり結婚へ。出産後

シェアコスメ一例

は子供がまだ6か月の時に早々に職場復帰をして、もう一度日々の充実を得ようとしましたが、程なくしてパートナーと離婚。東京に身内の居ない私は福岡の実家に子供を預け、東京と福岡を往復しながら仕事をする事となります。

でも、そんな無茶な生活が長続きするわけがなく、子供と一緒に東京で落ち着いて生活するために好きだったその通販誌の仕事をあきらめ、職場が自宅から近く、保育園も近く自転車で通えれば時間的にも助かる。とにかく正社員で収入も安定し、子供と一緒にいられる生活と環境を一番に考えた仕事先を真剣に探しました。

この時の困難な逆境はこの先、どんな苦労も耐えられるほどの強さを身に着けたような気がします。

そして出会った運命の転職先が、自宅から一駅の場所にある化粧品製造工場。これが今の事業に大きく左右する運命の出会いになります。簡単にめげないメンタルの強さと、化粧品製造工場への転職、女性がキレイでいるという大切さ…が、いまの私の起業人生とシェアコスメ®につながったのです。

工場での経験は、スキンケア知識や女性のキレイを身につけた

その運命の出会いの化粧品製造工場（ＯＥＭ）とは「メーカー様より化粧品製造を依頼され、希望のオリジナルコスメをゼロから作りあげること」。

どんな美容成分があり、どんな効果が期待できるかなど、お客さまと相談しながら、試作と改良を重ね、最終的な配合成分の処方を決定。同時にどんな容器や化粧箱にするのか資材業者の手配まで、お客さまが希望する化粧品をゼロから完成するまでの営業担当でした。ここで多くの製造ノウハウを経験させて戴きました。

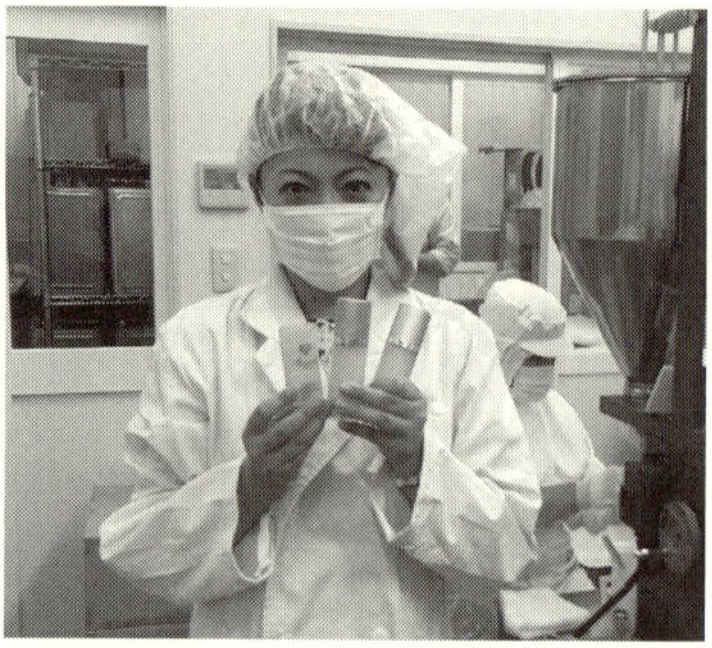
工場にて

またこの頃は、女性としておしゃれを楽しむ、キレイでいることが昔から大好きだった私でしたが、子育てと仕事で精いっぱい。自分のための時間も、お金も、気持ちの余

裕もなく、お肌はボロボロ。でも仕事を通じて化粧品やスキンケアの知識をじかに化粧品開発者から教えてもらい、自分の肌を実験台にして本当のスキンケアや、この美容成分にはどんな効果が実感できるかをここで沢山学びました。

自分の肌で直接試していたのでみるみるとボロボロの肌がキレイになっていく楽しさや嬉しさ、リアルな知識や効果をどんどん吸収して、約10年のこの業界での経験とノウハウは女性が美肌でいる大切さなど非常に貴重な財産となりました。

子供のため、そして自分が輝くため。44歳で脱サラし起業へ

化粧品製造業に勤めて10年ほどが経ったころ、44歳になる私は、あるわだかまりを感じるようになりました。離婚してからというもの仕事と子供一筋で、シングルマザーとして必死の日々。子供の成長に連れてお金もかかり、収入を上げていくことは特に死活問題。ですが化粧品業界はまだ男性社会で、私は40歳過ぎてキャリアを積み上げても「出る杭は打たれる」とばかり管理職にもなれず、給料は一向に上がらなかったのです。

「もしも私が身体を壊したら、生活はどうなるだろう？」

「こんな不安とモヤモヤした気持ちで、私の人生は終わってしまうのだろうか？」

40過ぎのこの歳になっても思い描いた人生になっていない！　このまま給料も上がらず、毎朝の満員電車にもまれ、疲れ老いて行ってしまうのだろうか。私の人生、それでいいのだろうか？

10年、20年後の自分を思い描くと、憂鬱で不安な気持ちに襲われました。

「このままではいけない！　今の給与くらいならきっと稼げる。もっと子どもと一緒にいたい！　動くなら40代の元気なうちに！　人生は一度きり、私は輝きたい！」と思い立ち、
2012年2月、私は株式会社abilityを設立しました。

さて、起業すると決めても資金がありません。

起業の数ヶ月前から区が行っている創業融資を受けるための情報を集め、融資金額や返済条件なども自分で調べ、とにかく動きました。

私が女性というだけで「会社を興すって本当に意味がわかってる？」「まず銀行が口座作ってくれないよ」など門前払いされたお役所もあり、悔しい思いもしました。最終的には、丁寧な対応をしてくださった区の融資を受けることができ、この起業直前の期間は、心身ともに本当に大変な毎日でしたが、とにかく「決めたからには前に進む」しかありませんでした。

今振り返ると、シングルマザーの立場で安定収入がなくなるリスクも覚悟した、そのときの必死さとパワーに驚きます。

温め続けた「シェアコスメ®事業」が花開く

起業しても会社は思うようにはいきませんでした。女性ホルモン系のサプリ通販事業からスタートし、翌年に、今までの化粧品製造時代の集大成、オリジナル化粧品「フラーリッシュ」の

abilityオリジナル「フラーリッシュ」

販売もスタート。ただすぐに売れることはなく、当時は商品の売り方さえ知らない…無知すぎたのです。在庫と初期費用と労力、一つの商品を作って売る事のハードルを、改めて痛感しました。事業だけでは収益を賄えず、夜間アルバイトをして収入を得ていたこともありました。

でも多くの失敗からの学びがあったからこそ、私は「サラリーマン脳」から「経営者脳」へシフトしていき、あきらめない根性で、事業として数字として結果を出すことにこだわりました。

そして起業から2年が経ったとき、ずっと温めていたビジネス企画「シェアコスメ®」を開始。シェアコスメ®の仕組みは、冒頭にお伝えした通り。はじめは自分の女性の人脈を頼りに「オリジナル化粧水を100本作ってみたい人いませんか？」と製造の企画を募ると、あっという間にシェア参加の方が集まり、彼女たちの要望を聞きながら、配合成分や効果を感じてもらい、試作を繰り返しながら完成。そのコスメは商品満足度がとても高く、成分のバランスが良いのでまとめての注文も続き、販売リピート率は素晴らしく、今ではシェアコスメのアイテムは7アイテムまで増え、やっと結果を出すことができました。

化粧品を作る楽しみと、正しいスキンケアで美肌になる喜び、マイブランドとして販売もできる将来性！　化粧品ジプシーだった方や、キレイ意識の高い女性たちはこういうものを待っていたんだ！　と化粧品製造会社のときから温めていた自主企画が現実となり、皆様からキレイになったという声を戴き、本当にやりたかった私の「想い」の一つが実を結び本当に嬉しかったです。

「ぶれない想い」と「継続は力なり」が夢をかなえる！

先ほども出ていた私の経験の集大成コスメ「フラーリッシュ」というオリジナル化粧品には、ノーベル賞を受賞した美容成分「フラーレン」が原料メーカー推奨%配合をしています。

私が工場での試作品を実際に試してきた中で最も効果を感じた美容成分で、個人差はありますが、1週間ほどで目の周りの小じわが薄くなり、肌に透明感を出て、これはスゴイ！　と一目ぼれした成分です。

シェアコスメで作るスキンケアコスメ製造のポイントの一つ、美容成分が肌へ効果を発揮するには、それぞれ原料の配合を組み合わせる黄金比率があります。例えば、お料理には「さしすせそ」の基本調味料がありますが、それぞれを1種類だけとかそれぞれを大量に入れても美味しいものはできないですね。スキンケア化粧品の美容成分も同じで、たくさん配合されていれば良いのではありません。それぞれの肌の悩みにあった美容成分の黄金比率があるのです。弊社のオリジナルコスメ「フラーリッシュ」もこの黄金比率を、自分の肌で検証し、効果や効能もさらに学び導き製造したコスメです。

シェアコスメ®は「この黄金比率を活かした、みんなが求めている化粧品を安価で！」。美肌へ導き、納得できるコスメを選んでほしいという想いも、この事業のコンセプトであります。

また弊社では日本化粧品検定協会認定校として「コスメ検定1級、2級」の検定試験も開催しています。とくにスキンケアや化粧品などに興味をお持ちであれば、ぜひ受講をトライしてみてください。

求めていた化粧品が手に入り、肌悩みが解消され、さらにスキンケアの正しい知識を知ればキレイに歳をかさねるのに「怖いものナシ！」かもです！

女性はキレイになるとモチベーションが上がり、前向きに生きる人生の良きスパイスになります。弊社では女性が外見も中身も美しくなれる、マイナス10歳肌スキンケアセミナーなども開催しています。オリジナルコスメを作ってみたい、それを販売してみたい、ほんとうのスキンケアコスメを学ぶ！　美しくなる喜びを知ってもらい、シェアコスメ®をより多くの方に知ってもらい、もっと全国に広げていくこと！　をこれからも目指していきます！

私の体験から言うと起業に必要なのは先にお金ではなくて「ぶれない一途な想い」だと思います。これがあれば、お金はけっこう後で何とかなります。

弊社主催の美容セミナー

私はシングルマザーの身で脱サラし、貯金だって100万円もないところから創業融資を自力で受けてのスタート。大切にしたい人生や想いがあるなら、最初からあきらめずに失敗を恐れずに、自分に挑戦してみてください。そして自分を信じて、一つの想いを継続してみてください。

そして最後に…起業して一番良かったこと。

それは優先順位の一番であった子供との

時間ができたこと。一番大事な思春期の時に一緒に居れたことは、私にも子供にとっても貴重な時間になり感謝しています。

私がこれからも出来ることは「若々しい美肌へのサポート！」あなたにもきっと、あなたなりの「出来ること」があるはず。人生は一度きり！　大切にしたい想いから目を背けることなく、本当にやりたいことを、夢を実現させてみませんか。

弊社で微力でもそのきっかけになれば、応援できたら光栄です。

飲食業の王道～12坪のバーから飲食店とクラブ9店舗を経営するグループへ、その挑戦の軌跡～

株式会社五葉商事　代表取締役

鈴木せつ子

Profile

株式会社五葉商事　代表取締役。「伊達なママの会」会長。
1967年24歳で大手重機メーカーを退職後、仙台市国分町に12坪のバーを開店。1972年高級クラブの経営に乗り出し、年商5億円に。1987年に一時引退するも、1993年には日本料理店とクラブを開店し以降も経営を拡大。現在は仙台市内で、日本料理「花はん」、花はん別館「椿」、サロン「ラ・ドンナ」、レストラン、クラブ「ピロポ」、クラブ「花音」、花音別館「プチ花音」、クラブ「絹花」、バー「千花」全9店舗を経営。創業から時代の波を捉え飲食業の理想を追求、社員教育に力を入れる。後継者育成と地域振興に奔走する日々。

＊

会社概要

社　名　株式会社五葉商事
所在地　〒980-0803　仙台市青葉区国分町2-14-18　定禅寺パークビル8F
ＵＲＬ　http://hanahan-gr.co.jp/
代表取締役　鈴木せつ子
事業内容　日本料理、レストラン、バー、クラブ、全9店舗の経営

杜の都仙台に、定禅寺通りというケヤキ並木のメインストリートがあります。通りに面した国分町という町に、クラブを開店しておよそ50年。わたくしは、この町に育まれ、この町に集う人々の温もりに助けられ、飲食業の道を一途一心にまい進してまいりました。

現在、花はんグループは、日本料理「花はん」、花はん別館「椿」、レストランの飲食店3店舗と、クラブ6店舗を経営。人材育成に力を入れ、その店にしか提供できないサービスを生み出す努力を怠らぬよう、日々精進しております。これまでのわたくしの人生は挑戦の連続で、道のりは平たんではありませんでした。今日があるのは、お客さまをはじめ、従業員も含めた周りの方々のおかげだと深く感謝しております。4度の大きな挑戦を振り返りながら、駆けぬけてきた50年間の軌跡をたどってまいりたいと思います。

夢に向かい人生を切り開く

幼少期に実母を亡くし、わたくしは雑貨店を営む義母に育てられました。義母にほめてもらいたい一心で、その後ろ姿を見て、わたくしも懸命に店の手伝いを頑張ったことを覚えています。学生時代学業にも真剣に取り組み、高校を卒業いたしました。しかし製鉄会社に入るはずが、母子家庭を理由に落とされてしまったのです。理不尽で無情な世の中に悔しい思いをしながらも「負けじ魂」は強く持っており、大手重機メーカーに入り、経理事務の仕事に就きました。事務のかたわら、ジープを運転して建設現場の山までも行ったこともあります。どんな場面でも「働くこ

「花はん」店内

とが生き甲斐」と思っておりました。明るい社風で楽しく仕事をしながらも、常に自分の生きる道を模索しており、夢に向かい、人生を切り開いていくという気概に燃えていました。そんな中、わたくしの人生を決定づける転機がおとずれます。

仙台で東北六県女性研修会があり、支店長が連れて行ってくれた初めてのキャバレー。そこで見た世界は華やかでまぶしく、それでいてスマートな従業員たち。わたくしは大きな衝撃を受け「仙台で食べ物のお店をやりたい」という思いがわっと湧き上がってまいりました。

「食べ物のお店」というのは、祖父母が大正時代後期から昭和初期にかけて、釜石市で料亭を営んでおり、そのDNAを引き継いでいるのだなと感じておりました。祖父は50歳の頃に早世、お店は没落してしまいました。祖父母が叶えられなかった料亭の経営を、わたくしがいつか成し遂げたいという思いが、心のどこかにあったのだと思います。

仙台を代表する社交場をつくることを決意

6年間勤めた重機メーカーを退職し釜石市を出て、1967年25歳のとき、仙台で12坪のバーを開店。それからわたくしの1度目の挑戦が幕を開けました。4年後には、2000万円を元手に50坪の大型高級クラブをオープン。ただ利益を目標にして店をやるだけでは、人生つまらない。「お客さまとの出会いが最高の喜び」になる店をめざし、「仙台を代表する一流のクラブ」と言われるよう、理想の店を追求していきました。正しい経営、従業員に対しての正しい導き方、正しい接客と、わたくしなりに考えだした経営理念を作り上げたのです。

日本は高度経済成長へと突き進む真っただ中。1975年には、仙台を代表する社交場として名実ともに不動の地位を築いていきます。皇族方をはじめ、政財界、大学関係、芸術家、スポーツ界、芸能界など、ありとあらゆる分野のVIPの方々にご来店いただく店に成長いたしました。「一流の店にするには、まず自分を磨くことが大事」。茶道、華道、書道、小唄など、習い事はすべて師範資格をとり、知識と教養、そして感性を高める努力をいたしました。それがオーナーママとしての王道であるという考えの元です。従業員もわたくしの店で働くことを誇りに思ってく

「ラドンナ」店内

れていました。

3店舗で5億円を売り上げ、店を大繁盛させることができたのは、お客さま、従業員、そして仙台のみなさま、お店に関わる全ての方々のおかげです。本当に感謝の気持ちでいっぱいでございます。


仙台でトップを走るクラブ、わたくし自身も全国に知られる存在になり、お店の経営も絶頂期。ですが、この時に21年間のクラブ人生に一旦幕を引くことを決意します。それはわたくしの理想でもあったのですが、クラブママで一生を終わりたくないという思いがあったのです。

わたくしにとっての、もう一つの転機、1987年46歳の時に「運命の人」と出会い、結婚いたしました。家庭に入り、お茶、料理教室、書道教室などの習い事に通う日々。ですが次第に、趣味の世界だけでは物足りなさを感じるようになります。わたくしの経営者魂が、胸の奥からふつふつと湧き上がってきたのでしょう。51歳という年齢が限度と考え、再び経営者として走り出そうと決意。「申し訳ないけれど、一人にならないと仕事ができない」と頭を下げて、その方に別れを告げました。このときわたくしは、料理屋をやると決めていたのです。「運命の人」との結婚のおかげで、その後のわたくしの人生は大きく展開していきます。「運命の人」とともに過ごした5年間は、本当にありがたい年月でした。この充電期間があったからこそ、再びスタートを切れたのです。今でもその方には感謝の気持ちでいっぱいです。

信用と人脈は財産

1993年51歳のときに、日本料理「花はん」と、ラウンジバー「ラドンナ」をオープンいたしました。2度目の挑戦が始まります。場所は、仙台のメインストリート定禅寺通りのオフィスビルの地下1階。オープン10日前に地元経済界名士の方7人が発起人となり、およそ300名のお客さまが集い「鈴木せつ子を励ます会」を開いてくださったのです。このご恩は生涯忘れるものではございません。涙があふれるほどの感動と感謝の思いで、店の経営をスタートいたしました。

しかし人生はそう甘くはなく、日本料理店という新しい分野への道は大変険しいものでした。昼はデパートの前でチラシを配り、夜は寝る時間をけずって働き、あるときは病院で点滴を受けながら、無我夢中で頑張りました。「努力は運を支配する」という言葉を信じて。しかしながら、

「椿」店内

運転資金は底をつき、わたくしは始めて赤字を出しました。毎晩眠れないほど苦しみ、ついに銀行に思い切って融資を申し込み快諾いただいたときには、胸をなでおろしたものです。

オープン前の励ます会で地元経済界の重鎮300名のご出席があり、そのことによる信用があったからではないかと思っております。かつてのクラブ人生で築き上げた信用と人脈は、わたくしの財産であることを、このとき身をもって実感いたしました。この日本料理店は、開店より8か月してようやく軌道に乗り始めました。

1996年には、3店舗目となる高級居酒屋「いまりや」をオープン。このときも運命的な出会いに恵まれます。神社仏閣、茶室、高級住宅を専門とする棟梁とのご縁をいただき、店舗づくりをお願いすることになりました。素晴らしい木材をふんだんに使った上質な空間美の和風建築。この店は現在、花はん別館「椿」として繁盛しております。

そして3度目の挑戦は2000年、4店舗目となるクラブ「ピロポ」の開店でした。常にその時代が求める店づくりを見据え、お客様に安らぎと楽しさを提供し、何よりも花はんグループのお店は安心という高い評価をいただけるお店作りがモットーでした。同じフロアの他店舗を買収し、VIPルームを増築して大型クラブにしていきました。

ロマンの達成に向けて「一途一心」に

おかげさまで飲食店もクラブも大繁盛し、2004年ごろには、花はんは50坪では部屋数が足りなくなりました。ここから4度目の挑戦が始まります。同じビルの地下1階で営業していたラドンナ（20坪）を取り壊し、花はんを増築。同時にラドンナを1階に移転し、ピアノとボーカリストが奏でる心地よい空間の社交場サロンといたしました。仙台市のメインストリートにあるオフィスビルの1階に、サロンをつくることは前代未聞の快挙だと、そう言われたことも懐かしく思い出されます。

実は、そのころ借入金はすでに2億あり、さらに1億の融資を受けるには保証人が必要だと言われたことも。ですが、これまで一度も誰かに保証人をお願いしたことはございません。結局「鈴木せつ子なら仕方がない」とおっしゃっていただき、同時に事業計画書が評価されたこともあり、

「ピロポ」店内

融資が決まりました。

　国分町人生のロマンの達成で、美意識の完成とでもいうべき自慢のお店。ラドンナを文化の香り高いサロンにすることは、仙台の町の格調を高めることになる、社員の士気も大いに高まると確信しておりました。いつも命を張り、どなたに迷惑もかけず、ロマンに向かって、一途一心に駆けぬけてまいりました。


　製鉄会社の入社取消し、花はんを軌道に乗せるまでの苦労や赤字、花はんを増築したときの借入金など、これまで幾多の苦難を乗り越えてまいりました。

　それは自己改革ができたこと、そして社員たちに愛情をもって大切にしてきた結果だと思います。その背景には、２００３年に盛和塾仙台に入塾したことも関係しております。「心を高める、経営を伸ばす」フィロソフィに、社員教育は大きな影響を受けました。経営者として私利私欲を戒め、社員を倖せにすることが第一、それがわたくしの倖せであるという、その思いはいっそう強くなっていったのです。

いつの時代も「利他の心」で

2011年に襲った東日本大震災。3月11日、国分町から灯が消えました。当時の7店舗はすべて無事、社員も全員が無事を確認できたときは、どれほど安心したでしょうか。今思い出しても、胸をなでおろします。

震災から10日ほどをかけ、3月22日にはサロンのラドンナを開放し「伊達なママの会」主催で、地元の方々の応援を得て炊き出しを行いました。温かい食べ物で少しでもみなさまの心を安らかに、というその思いだけでした。「おいしかった、ありがとう」の言葉が胸に響き、思いをさらに強くするきっかけとなったのです。

従業員たちは途方に暮れ、困惑しきりでしたが、わたくしは「すぐにお店を開けましょう」と3月23日から花はんとラドンナの開店に踏み切ります。身を裂かれる思いで、従業員には給料カットという協力を得ました。5月ごろからお客様がどんどん増え、全国からもお客さまがお越しくださるように。涙なくしては語れない、言葉にならないほどの感謝の気持ちでお客さまをお迎えいたしました。

「伊達なママの会」というのは、2005年に国分町でラウンジなどを経営している40名ほどのママが集まり、立ち上げました。温泉街の「おかみの会」と連携して「笑顔咲くたび伊達な旅」をスローガンに、観光復興に貢献しております。

日本にはおもてなしの文化があり、品性を重んじるクラブやサロンなどの社交場は、日本文化の象徴といっても過言ではありません。「一期一会」という言葉がありますが、出会いはこの仕事の醍醐味です。多くの人々との出会いがあってこそ、掴んだ成功。自分を高め社員を高めて来たという自負もあります。これからももっともっと学ばなければと思っております。

早いもので、花はんは今年24年目を迎え、キラリと輝くお店に育ちました。ご接待をする側、板前や中居、店の者はすべて、良い気持ちを持っていないと、全身に表れ料理にも表れます。ですから、わたくしが社員たちを愛情いっぱいに包み込んで接する。このことが着々と実っているように感じております。お料理や接客を、さらに磨きをかけて充実させていきたい、日々それに向かって進むだけです。

わたくしは倖せな人間です。51年の間、その時代時代に合ったお店を経営でき、お客さまに恵まれ良き社員に恵まれました。血縁が一人もいないわたくしには、神様が与えてくれた約100名の社員たちは我が子も同然、わたくしの宝です。良き社員のために生きられる倖せに感謝しております。わたくしは国分町に生かされ生きてまいりました。
「利他の心」でこれからも社員を守り、地域に貢献してまいりたいと存じます。

〈著者プロフィール〉
ブレインワークスグループ

創業以来、中小企業を中心とした経営支援を手がけ、ICT活用支援、セキュリティ対策支援、業務改善支援、新興国進出支援、ブランディング支援など多様な提供する。ICT活用支援、セキュリティ対策支援などのセミナー開催も多数。とくに企業の変化適応型組織への変革を促す改善提案、社内教育に力を注いでいる。また、活動拠点のあるベトナムにおいては建設分野、農業分野、ICT分野などの事業を推進し、現地大手企業へのコンサルティングサービスも手がける。2016年からはアジアのみならず、アフリカにおけるビジネス情報発信事業をスタート。アフリカ・ルワンダ共和国にも新たな拠点を設立している。

http://www.bwg.co.jp

輝く女性起業家16人

2017年11月2日〔初版第1刷発行〕

編 著	ブレインワークス
発行人	佐々木紀行
発行所	カナリアコミュニケーションズ
	〒141-0031 東京都品川区西五反田6-2-7
	ウエストサイド五反田ビル3F
	TEL 03-5436-9701 FAX 03-3491-9699
	http://www.canaria-book.com
印刷所	本郷印刷株式会社
装 丁	田辺智子デザイン室
DTP	新藤 昇

ISBN978-4-7782-0412-9 C0034

カナリアコミュニケーションズの書籍ご案内

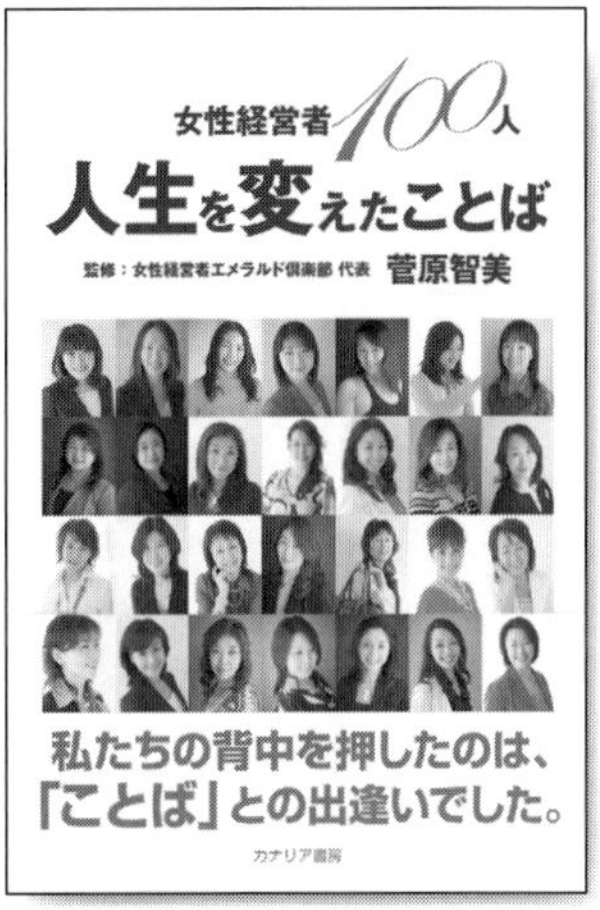

著者 菅原 智美
定価 1500円（税別）
ISBN 978-4-7782-0138-8

女性経営者100人
人生を変えたことば

彼女たちは、なぜ起業するに至ったのか？
女性経営者を支えた「ことば」の力に迫る。

パワフルに活躍する女性経営者のインタビュー集。

起業の経緯からビジネスモデルの特長、そして一女性としての本音まで……彼女たちの生の姿を、余すところなく伝える。「すぐに消える100万円の使い道は？」など、ユニークなアンケート集も楽しい一冊。

編著 ブレインワークス
定価 1400円（税別）
ISBN 978-4-7782-0131-9

Woman's Power
美のスペシャリスト

女性を美しくするスペシャリストたちが
この１冊に集まった。
もっと輝きたいあなたの必読書！

女性の美しさとは何だろうか。下着販売、ウェディングドレスの企画、エステサロン運営など、女性を外側から美しくすることはもちろん、内面から輝かせるスペシャリストたちも。

語学教室運営、社員研修からキャラクタースタイリングまであなたの魅力に磨きをかけるヒントがたくさん。

カナリアコミュニケーションズの書籍ご案内

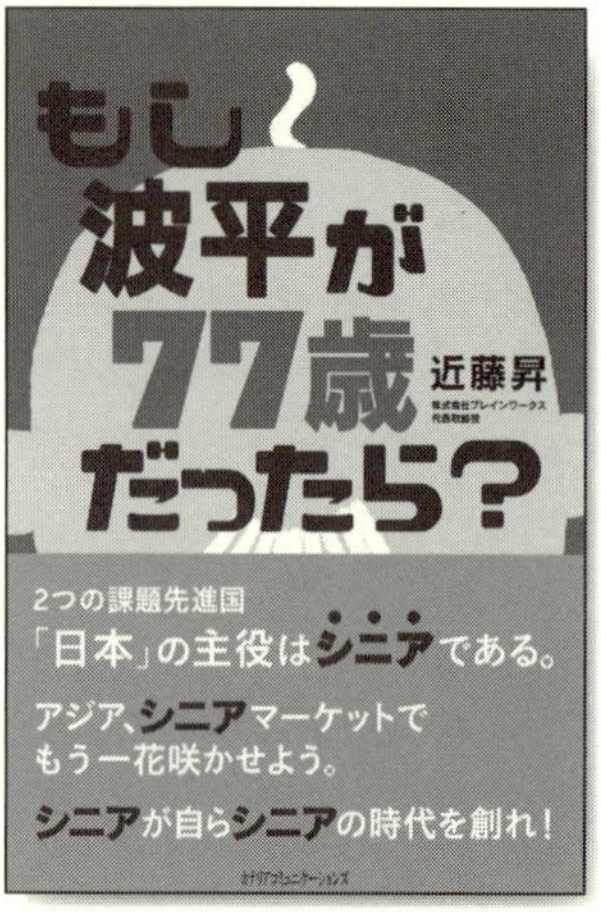

2015年12月20日発刊
価格1400円（税別）
ISBN978-4-7782-0318-4

もし波平が77歳だったら？

近藤昇　著

2つの課題先進国「日本」の
主役はシニアである。

アジア、シニアマーケットでもう一花咲かせよう。
シニアが自らシニアの時代を創れ!

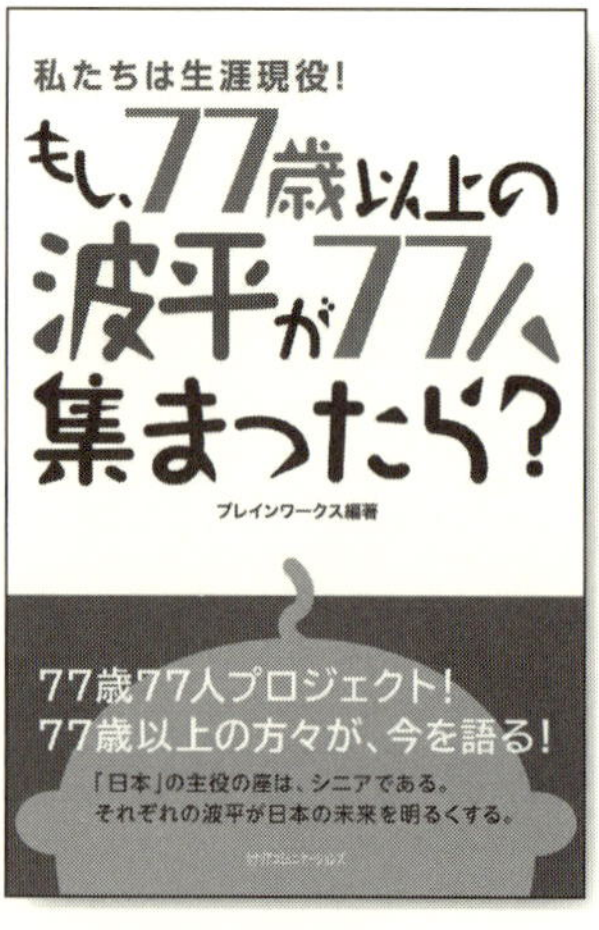

2017年2月8日発刊
価格1300円（税別）
ISBN978-4-7782-0377-1

もし、77歳以上の波平が77人集まったら？
～私たちは、生涯現役！～

ブレインワークス　編著

私たちは、生涯現役!
シニアが元気になれば、日本はもっと元気になる!

現役で、事業、起業、ボランティア、
NPOなど各業界で活躍されている
77歳以上の現役シニアをご紹介!
「日本」の主役の座は、シニアです!
77人のそれぞれの波平が日本の未来を明るくします。
シニアの活動から、日本の今と未来が見える!